TANIA GARCÍA es escritora, madre de dos hijos y especialista en educación basada en el respeto a partir de la evidencia científica.

Creadora de la Educación Real®, ha combinado sus estudios de pedagogía con un gran trabajo de investigación de más de veinte años.

Desde 2012 se dedica a ejercer de asesora familiar a través de www.edurespeta.com, la primera escuela online para familias y profesionales que desean educar a niños y adolescentes respetando todos sus derechos. En ella ha formado ya a más de cuarenta mil personas.

Tania se ha especializado en neurociencia infantil y adolescente en Inglaterra, donde vive con su familia, y actualmente realiza un posgrado en Derecho Internacional Humanitario. También está finalizando el grado de Educación Social, con el que completará la diplomatura que cursó hace unos años. Esta rama es su gran pasión, no en vano sueña con cambiar el mundo a través de la educación.

Es autora, además, de *Guía para madres y padres imperfectos que entienden que sus hijos también lo son* (2017), *Educar sin perder los nervios* (2019), *¿Qué necesito cuando me enfado?* (2020) y *Hermanos* (2020).

T0203268

Papel certificado por el Forest Stewardship Council®

Penguin
Random House
Grupo Editorial

Primera edición en B de Bolsillo: enero de 2021

© 2017, Tania García
© 2021, Penguin Random House Grupo Editorial, S. A. U.
Travessera de Gràcia, 47-49. 08021 Barcelona
Diseño de la cubierta: Penguin Random House Grupo Editorial / Sergi Bautista
© Getty Images, por la imagen de cubierta

Printed in Spain – Impreso en España

ISBN: 978-84-1314-267-8
Depósito legal: B-14.450-2020

Compuesto en Comptex & Ass., S. L.

Impreso en Black Print CPI Ibérica
Sant Andreu de la Barca (Barcelona)

BB 4 2 6 7 8

Guía para madres y padres imperfectos que entienden que sus hijos también lo son

TANIA GARCÍA

ÍNDICE

A mis hijos, Uriel y Gadea.
Sois mi inspiración y el latir de mi corazón

El presente libro se basa en la idea
de que educar a los hijos es una bella
oportunidad para crecer como personas,
teniendo siempre en cuenta que nosotros
como padres no somos perfectos ni
los hijos deben serlo.

NOTA PARA TI

El hogar es la escuela principal
de las virtudes humanas.

WILLIAM ELLERY CHANNING

Siempre he sido una persona muy sensible. De hecho, soy extremadamente sensible y empática y, aunque a veces me resulta un poco incómodo emocionarme viendo un anuncio o llorar leyendo un libro, la emoción es un recurso que me ayuda en mi trabajo diario con las familias.

No obstante, si hay algo en lo que coincidimos casi todos es en el aluvión de sentimientos y emociones que nos invaden cuando vemos o escuchamos las noticias.

Guerras, niños que sufren al quedarse huérfanos o al ser atacados por bombas, mujeres asesinadas a manos de sus parejas o exparejas, personas que se quedan en la calle después de años pagando una hipoteca, etcétera.

Es horroroso.

Tanto es así que, después de verlas, se te queda el cuerpo cortado, las ganas de comer se esfuman y te preguntas cómo puedes hacer para ayudar a cambiarlo todo, de qué manera puedes aportar tu granito de arena para mejorar el presente y el futuro de tus hijos y, al fin y al cabo, el de la humanidad.

Sin embargo, muchas de las personas que quieren ayudar a los demás viven con sus hijos un día a día muy alejado de lo que estos necesitan en realidad. Gritos, discusiones constantes, amenazas, castigos, cachetes, insultos, exigencias llenan su vida y la hacen cada vez más triste, más fría y menos alentadora.

Para ayudar a tu hijo a ser una persona íntegra, responsable y feliz, que ayude y se deje ayudar, que ame y se deje amar, que se quiera y se desarrolle personalmente, que respete, que dialogue, que no juzgue, que reflexione, que no compare, que empatice y que viva y deje vivir, debes educarlo según unos principios muy claros, basados en el respeto, la empatía y el amor incondicional, porque, si lo educas en un entorno de respeto propio y mutuo, eso es lo que integrará. En cambio, si lo haces en un entorno estresado, hostil, amenazante y violento, esa será su premisa.

Es importante recordar que nuestros hijos son las futuras generaciones de nuestra especie, las que pueden hacer de este mundo un lugar mejor, o destrozarlo.

Aunque todo esto te suene lejano, ¡eh!, pon los pies bien firmes en la tierra, siéntete vivo y afortunado de leer esto, de estar aquí y ahora y de tener en tus manos la responsabilidad y la gran suerte de educar a tus hijos y de disfrutar de su vida y de la tuya, bonita y feliz, porque de eso se trata: de ser feliz pese a las adversidades. Para eso los traemos al mundo, ¿no?

No obstante, educar a los hijos de manera positiva y empática no es tarea fácil: conlleva un gran trabajo, primero personal y después en equipo, pero lo que sí está claro es que la recompensa es muy grande.

Por este motivo, he decidido ayudarte en tu cometido, mostrándote en este libro algunas herramientas sencillas y prácticas con las que educar a tus hijos como realmente necesitan, como necesitáis, como necesita nuestra sociedad en general.

Hay un refrán que siempre repetía mi madre, heredado de la suya, que decía: «Al arbolito, desde pequeñito», en referencia a que a los hijos hay que marcarlos y corregirlos cuando son pequeños, porque, si no, a medida que crecen, es difícil que mejoren y que cambien.

Esta frase tiene una parte acertada y otra que no lo es. La correcta es que la base afectiva, social y psicológica de nuestros hijos se encuentra en las necesidades emocionales cubiertas que les aportemos durante su más tierna infancia y adolescencia, así que todo lo que no les demos entonces marcará unas carencias de por vida. En cambio, es incorrecto que se consiga exigiéndoles y corrigiéndolos como si fueran nuestros súbditos. Cuanto más amor, apoyo, coherencia, respeto y sentido común les aportemos, mejor preparados estarán para la vida.

Por tanto, para que nuestro árbol llegue a estar bien formado, necesita que todas sus partes estén bien nutridas: si alguna de ellas falla, todo lo demás fallará.

Voy a explicarte brevemente en qué va a consistir esta aventura transformadora con la que conseguirás educar como deseas.

Vamos a plantar nuestro propio árbol y a atenderlo como realmente necesita. Las partes que vamos a encargarnos de cuidar son:

1. **Raíces.** Reflexiona sobre tu origen y la educación recibida.
2. **Tallo.** Aprende a comunicarte con tus hijos de manera óptima.
3. **Ramas.** Incorpora a tu hogar unos límites adecuados.
4. **Hojas.** Entiende y controla tus emociones para mejorar la relación con tus hijos.
5. **Copa.** Vive en armonía con tu entorno y con las opiniones de los demás.

Pero antes dejadme explicar lo importante que es analizar en profundidad la relación que tuvimos con nuestros padres, especialmente la relación con la madre. Revisar nuestra infancia y los déficits emocionales que sufrimos, por doloroso que resulte en ocasiones, nos permitirá afrontar con más acierto la educación de nuestros hijos. A ello dedico un capítulo introductorio en esta nueva edición.

El primer capítulo se titula «Raíces». Como sabemos, un árbol sin su raíz no es nada, ya que esta se ocupa de absorber el agua y los minerales necesarios para vivir y después traspasa todo al tallo y al resto del árbol. En la manera en la que nos educaron están nuestras raíces y en cómo nos sentimos durante los primeros años de nuestra vida y durante la adolescencia. Por eso en el capítulo «Raíces» vamos a trabajar sobre el modo en el que nos educaron, ya que es imposible tratar de educar a nuestros hijos de manera coherente y con un día a día sin gritos, sin castigos y sin malestares constantes, si antes no hemos reflexionado sobre nuestra infancia. Regresarás a ella y transformarás tus emociones más internas en herramientas para conectar con tus hijos y contigo mismo. Este capítulo inicial es un viaje apasionante y que nunca termina; cuando lo hayas empezado, la vida tendrá un aire diferente y te sentirás realmente afortunado y pleno.

La segunda parte es «Tallo», también conocido como «tronco», y se ocupa de llevar todos los nutrientes a las ramas y a las hojas y, por consiguiente, se encarga del sostén de la infraestructura. Lo mismo ocurre con la manera en la que nos comunicamos con nuestros hijos: si esta falla, es irrespetuosa, manipuladora y negativa, todo se tambalea y acaba marchitándose. En este capítulo vas a aprender a comunicarte con tus hijos de manera positiva, desechando todos los patrones y mitos a los que la sociedad nos tiene acostumbrados y dando un vuelco total a la relación que tienes con ellos. Las pautas que aprendas en el capítulo «Tallo» te ayudarán también en todas las áreas de tu vida.

Luego vienen las ramas, muy importantes para que broten las hojas y las flores. Si las ramas no están en buen estado, el árbol nunca llega a generar hojas y se irá quedando sin ramas hasta secarse. En este capítulo trataremos sobre los límites, que nos ayudarán a educar a nuestros hijos con coherencia y amabilidad. Es un error pensar que, por el hecho de educar con sentido común, positividad, cariño y respeto, nos debamos convertir en unos pasotas con nuestros hijos, permisivos y desconectados de sus necesidades reales. Nada más lejos de la realidad. En el capítulo «Ramas» aprenderás a poner límites necesarios, consensuados y lógicos, que te acerquen a tus hijos y mantengan el árbol nutrido y oxigenado para que no se seque y siga viviendo con motivación y alegría.

Las hojas son la parte del árbol que más vida tiene: se encargan de la fotosíntesis y de generar oxígeno. Así como sin raíces no hay árbol, sin hojas tampoco. Exactamente lo mismo nos pasa a los seres humanos con las emociones: sin ellas no seríamos humanos. Estarás de acuerdo conmigo en que la mayoría de las veces los adultos no sabemos manejar bien nuestras emociones y muchas situaciones con los hijos se nos van de las manos. Al pasar la avalancha, nos arrepentimos y nos sentimos mal y una gran culpabilidad nos invade. Esto es lo que vas a aprender a controlar correctamente en el capítulo «Hojas». Además, estarás preparado para reconocer las emociones de tus hijos y para ayudarlos a convivir con ellas y a apreciarlas, sabiendo qué hacer cuando ellos necesiten expresar las suyas.

El quinto y último capítulo es la copa de nuestro árbol. Es donde conviven en armonía las diferentes formas de vida de un árbol. En el capítulo «Copa» veremos cómo podemos adaptar nuestra nueva manera de educar, empática, templada y coherente, a nuestro entorno. Estamos rodeados de familiares, amigos, vecinos y profesores y por lo general cada uno tiene su propia experiencia y visión. A veces, tendemos a dejar de lado lo que realmente sentimos y queremos para nuestros hijos, con tal de encajar en las opiniones de los demás. Nuestra «Copa» nos ayudará a seguir siempre a nuestro corazón.

Como ves, cada una de las partes de nuestro árbol tiene mucho que aportarte y te aseguro que, cuando empiezas a mejorar, notas que la vida, tu vida, vuestra vida, cambia. Con el paso de los días, empezamos a vivir intensamente, cohesionados, en equipo y mejor, mucho mejor.

Educar a nuestros hijos es el trabajo que tenemos que encarar con más perseverancia y, además, un trabajo en el que estamos contratados para siempre.

Así que, aunque no somos perfectos ni existe la perfección, debemos trabajar día a día para ser cada vez mejores padres y, por tanto, para guiar a nuestros hijos hacia un futuro mejor, hacia el futuro que ellos realmente desean y merecen.

Espero que disfrutes de la lectura tanto como yo he disfrutado preparando las partes de mi árbol particular, que a partir de ahora deja de ser mío para ser nuestro.

Sin más, ¡empezamos!

Un abrazo y gracias.

TANIA

LAS MADRES MARCAN
NUESTRA VIDA

Sin duda, uno de los grandes trabajos que tienen que realizar las familias y los profesionales que deciden formarse conmigo es, precisamente, recuperarse de su propia infancia, trabajarla, comprenderla y sincerarse con ellos mismos para ser conscientes de lo que vivieron y sintieron. Solo así conseguirán conectar con sus hijos, empatizar con sus necesidades y comprender sus emociones en cada etapa. Todo el mundo tendría que hacer este trabajo —te advierto que, cuando lo empiezas, no es una tarea agradable—, aunque no todos estamos preparados para emprenderlo.

Al iniciar el trabajo con relación a la infancia, pasamos por diferentes fases. La primera es la de negación, cuando creemos que nuestra infancia fue casi perfecta, cuando idealizamos a nuestra madre y a nuestro padre y pensamos que todo lo que hicieron fue por nuestro bien, incluso los gritos, los castigos, la insensibilidad ante nuestras emociones, la soledad y la desprotección, la falta de conexión con nuestras necesidades, las comparaciones y las etiquetas, el abandono emocional, etcétera. Creemos que lo hicieron «lo mejor que supieron» y, por ende, ni siquiera nos planteamos que el trabajo que hemos de hacer con nuestra infancia sea algo que nos incumba.

La segunda fase es la de reflexión, cuando poco a poco, meditando, recordando, sincerándonos y enfrentándonos a la infancia, nos vamos dando cuenta de que es necesario trabajarla, que eso no tiene nada de malo, que no se trata de buscar culpables, sino de conocernos más a nosotros mismos, de recapacitar sobre lo que vivimos y de reconocer en el niño o la niña que fuimos al adulto que somos hoy.

La tercera es la de enfado. Cuando se abre la caja de Pandora, van saliendo todas las cuestiones que llevábamos dentro, pero no queríamos reconocer o admitir. Algunas personas entran entonces en una etapa difícil: no les apetece ver a su madre o a su padre y, si los ven, quieren decirles con rencor todo lo que piensan, recriminarles por las injusticias que consideran que vivieron, etcétera. Es una fase pasajera, pero que implica un proceso, porque el rencor no sirve para avanzar, sino que solo nos llena de frustración, rabia e ira y nos distancia de nuestros progenitores.

La cuarta fase es la de aceptación. Por fin somos conscientes de lo que hemos vivido, de las cosas buenas y las malas que compusieron nuestra infancia y nuestra adolescencia y que, por lo tanto, conforman a la persona que ahora somos. En esta etapa tenemos claras las cuestiones que no queremos reproducir con nuestros hijos y las que no repetiríamos en ningún caso para que no sufran las mismas consecuencias. Es una fase feliz y templada en la que empezamos a ver la vida de otro modo y a conocernos a nosotros mismos en profundidad.

La última fase es la de estabilización, en la cual, con momentos buenos y no tan buenos, somos capaces de llevar una vida equilibrada emocionalmente, sabiendo quiénes fuimos y quiénes somos, sin rencor, sin culpabilidad, sin pena y sin ira, perdonando y perdonándonos, agradecidos por el mero hecho de vivir y de tener hijos, para poder guiarlos en el camino de una manera diferente a como lo hicieron con nosotros.

LA RELACIÓN CON NUESTRA MADRE

Dentro de este camino de interiorización de nuestra infancia, la labor más importante y profunda consiste en trabajar la relación con nuestra madre. En ningún caso insinúo que la relación con el padre sea menos importante, pero sí que es diferente. El vínculo con la madre es esencial en la vida de los seres humanos, puesto que, en el momento principal de nuestra vida (la estancia en el útero materno y el mismo nacimiento), fuimos un solo ser con ella, dos en un mismo cuerpo, dos corazones latiendo en un mismo lugar. Por el mero hecho de obtener la vida gracias a nuestra madre, la conexión con ella se mantiene para siempre.

Ayudo a personas que fueron adoptadas y que, en consecuencia, tuvieron poca relación con su madre biológica. Estas personas tienen que hacer un doble trabajo: por un lado, aceptar este vínculo diferente y de separación con su madre biológica y, por el otro, elaborar el vínculo con su madre adoptiva. Por su parte, la madre adoptiva debe aceptar que su hijo tenga una madre biológica a quien lo une un hilo invisible y debe aprender lo que supone para él e incluso ayudarlo, cuando llegue el momento, en este proceso de aceptación y de conocimiento sobre su vida, para que también haga el trabajo con ella como madre.

Si no has crecido con tu madre y ha sido una abuela o una tía la que te ha criado, es necesario que hagas este trabajo con esa figura, pasando antes por el mismo camino que las personas adoptadas: primero, aceptar la separación de tu madre biológica y, después, continuar con la persona que te ha acompañado y criado durante tu infancia.

En el caso de que ya hayas perdido a tu madre, en primer lugar, te acompaño en el sentimiento y, en segundo lugar, te comento que tienes que hacer este trabajo de todos modos, tratando de no idealizar a tu madre porque no está y procurando indagar todo lo posible en su pasado y en el tuyo, para conectarte más con ella y con su recuerdo. Así te sentirás reconfortado y más capacitado para afrontar tu duelo o para equilibrar tu nuevo mundo emocional con su ausencia.

Para poder analizar cómo fue la relación con tu madre y, en consecuencia, cómo es vuestra relación actual, es necesario que reflexiones sobre una serie de cuestiones. Para hacerlo de manera óptima, te recomiendo seguir este orden:

- **Averiguar cómo fue la infancia de tu madre.** Hacer un estudio completo de cómo fueron la infancia y la adolescencia de nuestra madre es absolutamente revelador. No se trata de buscar una justificación para su forma de comportarse cuando éramos niños ni tampoco de sentir pena por ella y llenarnos de culpa cuando pensamos en lo mal que lo hicieron a veces con nosotros. En realidad, esto nos permite conocerla más y entenderla mejor. Empatizar con su pasado nos ayudará a entenderlo y a comprender su comportamiento para con nosotros durante nuestra infancia, además del presente que compartimos. Ponernos en su lugar nos aliviará y nos acercará emocionalmente a ella y así recuperaremos la confianza y la seguridad en nosotros mismos y en nuestra forma de educar. Para llevar a cabo esta investigación, podemos mantener conversaciones interesantes con nuestra madre, hablar con sus hermanos o sus hermanas, con sus primos o con otros familiares, así como con amigos de su infancia y su adolescencia. También podemos ver fotos, vídeos, ropa (todos los elementos que nos ayuden a documentarnos) y observar. Conviene ir anotando todo en un cuaderno y elaborar, poco a poco, el árbol cronológico de nuestra madre para saber de dónde venimos, quiénes eran sus antepasados y los nuestros, cómo fue la vida de cada uno de ellos y, sobre todo, la suya junto a sus familiares más próximos en su hogar (madre, padre, hermanos, abuelos). Todos tenemos una infancia y una adolescencia que determinan nuestro camino para siempre. Comprender la infancia de nuestra madre nos ayudará a comprendernos a nosotros mismos y también a sanarnos de las necesidades emocionales que no hayan sido cubiertas durante la nuestra. Tal vez no podamos hablar con nuestra madre sobre este trabajo. Entonces, simplemente le diremos que estamos interesados en su vida y en su situación, puesto que quizá ella no esté preparada para saber que todo lo que vivió repercutió en su pasado y en su presente y no pueda hacerle frente emocionalmente, aunque también es posible que, haciendo este trabajo, realices una doble gesta: sanarte tú de tu infancia y a ella de la suya.

- **Comprender cómo te sentías de niño con respecto a tu madre.** Una vez que hayamos investigado la infancia de nuestra madre al cien por cien, nos sentiremos mucho más conectados y seremos más empáticos con ella y así podremos iniciar nuestro propio proceso, sin rabia ni rencor, con coherencia y sinceridad. Ya no podemos cambiar lo que fue o no fue, pero sí que podemos aceptarlo y liberarnos de algo que sigue pesando en nuestro interior. Para ayudarte en la autoinvestigación, puedes formularte diferentes preguntas que te ayudarán a saber cómo viste tu infancia y las emociones y los sentimientos que experimentaste y que, por lo tanto, tienes que rememorar. Haz primero una lectura rápida de las siguientes preguntas:

    – ¿Se ofendía tu madre con facilidad?
    – ¿Te criticaba y lo sigue haciendo ahora, en tu vida adulta?
    – ¿Era violenta a veces y te faltaba al respeto?
    – ¿Te cuidaba amorosamente y sin quejarse?

–¿Te gritaba, te castigaba, te insultaba o te rechazaba?

–¿Te comparaba constantemente con otras personas o incluso con ella misma?

–¿Era amorosa y comprensiva solo cuando había gente delante o fuera de casa?

–¿Era la opinión de los otros muy importante para tu madre, incluso más que la tuya?

–¿Solía estar presente físicamente, pero no emocionalmente?

–¿Te hacía desprecios y a veces te ignoraba?

–¿Llegaste a creer que tenías que cuidar de tu madre, física o emocionalmente?

–¿Gozabas de confianza y libertad para hablar de tus emociones más íntimas con tu madre?

–¿Dependías emocionalmente de la opinión o de la aprobación de tu madre para tomar decisiones?

–¿Pensabas que tu madre era una persona falsa o poco sincera?

–¿Sentías empatía por parte de tu madre hacia tus problemas y tus sentimientos?

–¿Eran las emociones de tu madre más importantes para ella que las tuyas?

–¿Le tenías miedo a tu madre?

–¿Sentiste alguna vez que tenías la culpa de las emociones de tu madre (enfado, tristeza, frustración, miedo, etcétera)?

–¿Solo te sentías valorado por tu madre si hacías lo que ella quería o pensaba?

–¿Controlaba tu madre todo lo que rodeaba tu vida?

–¿Solías sentir una rabia o una frustración que no podías exteriorizar?

–¿No podías decirle a tu madre que no, fuera lo que fuese que te dijera?

–¿Te sentías solo, vacío y abandonado emocionalmente?

–¿Te sentías a menudo triste o desamparado?

–¿Te sentías querido por tu madre? ¿Y en la actualidad?

Cuando tengas tiempo, contesta a cada una de estas preguntas —no hace falta que sea el mismo día— y hazlo por escrito. Trata de recordar situaciones, experiencias, contextos, momentos, etcétera. Tómate tu tiempo: lo necesitarás. Como hiciste con tu madre, utiliza testigos, fotos, vídeos, charlas, ropa, recuerdos, etcétera.

El hecho de sacarlo todo fuera, de vernos frente a frente con nuestra verdad, con la forma real de sentir durante nuestros primeros años de vida (los más importantes), nos resultará doloroso y nostálgico primero y reparador después. Procura dar respuestas honestas y sinceras y no te dejes nada en el tintero por miedo a profundizar o a descubrir más cosas dolorosas o escondidas que ya no recordabas o que temías revivir.

Te costará unos días —quizá más tiempo— volver a coger las riendas de tu vida emocional. Si en tu infancia has recibido un acompañamiento incorrecto por parte de tu madre, hasta ahora has mantenido tus emociones escondidas y toca reconstruirte y saber en realidad quién eres y cómo, así como quién y cómo quieres ser. Para ello, es imprescindible trabajar el punto siguiente.

- **Comprender cómo eres ahora debido a tu infancia.** La relación que tenemos con nosotros mismos y con los demás, así como nuestra propia personalidad, dependen, entre otras cosas, de la relación que tuvimos y tenemos con nuestra madre. Por supuesto, la forma en que nuestra madre nos trató durante la infancia y la adolescencia influye en la manera en que hoy tratamos a nuestros hijos. Es importante responder a estas preguntas. Haz primero una lectura rápida:

   – ¿Cómo te sientes contigo mismo? ¿Tienes buena autoestima?

   – ¿Eres una persona insegura y necesitas la aprobación de otro adulto, sobre todo de tu madre, para tomar decisiones?

   – ¿Sientes que necesitas con frecuencia que te cuiden y que te den amor y afecto?

   – ¿Crees también que no mereces este afecto?

   – ¿Te sientes vacío, solo o desgraciado?

   – ¿Necesitas llenar este vacío con cosas como comer, tener muchos amigos superfluos, aparecer en las redes sociales, estar siempre fuera de casa, etcétera?

   – ¿Tienes miedos, ansiedades, fobias o adicciones?

   – ¿Te afecta lo que tu madre piensa de ti?

   – ¿La complaces constantemente?

–¿Te sientes mal y culpable porque no quieres estar con ella, puesto que te hace sentir incómodo?

–¿No quieres que tus hijos pasen tiempo con ella?

–¿Te da miedo estar solo y dependes de tu pareja, si la tienes?

–¿Te comportas con tus hijos como tu madre hizo contigo?

–¿Te da mucho miedo llegar a hacerlo?

–¿Te critica tu madre?

–¿Acostumbras a perder los nervios con tus hijos?

–Para no perderlos con ellos, ¿los acabas perdiendo con tu pareja?

–¿Crees que tu madre te conoce de verdad?

–¿Te importan más las apariencias que lo que sientes o necesitas?

–¿Tienes la sensación de que continúas esperando que tu madre te aporte lo que no te aportó durante la infancia y sigue sin aportarte ahora?

–¿No tienes ningún conocimiento ni equilibrio emocional? ¿Sientes frustración, ira, rencor, descontrol, desequilibrio, etcétera, que descargas fuera, normalmente en tus hijos?

–¿Tienes claros tus objetivos en la vida?

–¿Eres feliz?

–Si lo eres, ¿qué crees que realmente te ayuda a serlo?

–Si no lo eres, ¿qué crees que te hace falta para serlo?

Tómate el tiempo que necesites para responder a cada una de las preguntas con sinceridad, honestidad y atención. Este trabajo te permitirá aceptar cómo eres hoy y también valorar hacia dónde quieres dirigirte y las cuestiones de tu vida que permanecen escondidas y que merece la pena sacar fuera y resolver. En este punto dejas de sentir la necesidad constante de excusarte o de justificarte con el típico «Es que soy así y no cambiaré» o «Mi vida es como es y no la puedo cambiar» y empiezas a darte cuenta de que, por supuesto, puedes vivir tu vida según tus principios, tus ideas, tus sentimientos y tus objetivos y puedes ser más feliz de lo que eres, estimarte más, aceptarte y conocerte. Todo esto tendrá un impacto en tu entorno y en la forma en la que educas a tus hijos.

• **Crea tu propia y nueva identidad**. Llegas a la última parte del proceso cuando ya has profundizado en todos los aspectos de tu vida relacionados con tu madre y tu infancia con ella y, por lo tanto, estás preparado para desarrollar una nueva identidad, una identidad en la cual rechaces todos los aspectos de tu vida que no tenían que estar y en la que te centres y te esfuerces a diario para llegar a ser quien realmente deseas ser: una persona con una buena autoestima, que se valora a sí misma y se respeta y que también sabe respetar a los demás; una persona libre e independiente emocionalmente, que tiene claro lo que quiere y sabe decir «no», si así lo desea; una persona que no necesita la aprobación de su madre ni la de nadie para hacer lo que le dictan el corazón y la razón; una persona que sabe darse a sí misma lo que no obtuvo de pequeña y que, en consecuencia, no es una víctima atrapada en su caparazón, sino que sale y reluce, se abraza y continúa avanzando; una persona que no se siente sola, porque, para empezar, se tiene a sí misma y está llena de su propia vida; una persona que se cree merecedora de lo que tiene y de lo que quiere tener, de las personas que la rodean y de su propia vida; una persona que no necesita ninguna adicción, porque se encuentra en equilibrio; una persona con los miedos justos para poder sobrevivir, sin verse colapsada ni paralizada por estos; una persona a la que no le afecta lo que su madre piense, sino que es capaz de hacer lo que desee, aunque a su madre no le parezca correcto o lo mejor; una persona que no paga con sus hijos sus carencias emocionales, sino que las soluciona y es capaz de reeducarse y de no hacerles lo que le hicieron a ella; una persona con equilibrio emocional, que no se descontrola ni se viene abajo enseguida, sino que identifica sus emociones, las conoce, las analiza y las calma, si es necesario, que aprende de los días malos y sabe dónde están los límites de sus emociones para no hacer con ellas mal a nadie; una persona que no pretende cambiar a su madre, sino que acepta lo que fue y lo que no fue y aprende a amarla por lo que es; una persona capaz de vivir su propia vida; una persona feliz.

Para lograrlo, no hace falta que te obligues a perdonar a tu madre. Puede que todavía no haya llegado el momento de que tu corazón se sienta totalmente en equilibrio y creas que has perdonado, pero tal vez sí que puedas aceptar cómo fue y cómo es: al fin y al cabo, es un ser humano que, con características buenas y malas, es tu madre, la persona con la que estarás unido eternamente. El objetivo no es cambiarla, querer que ella abra los ojos, entienda su infancia y la tuya y conecte contigo: esto ocurre a veces, aunque no siempre. Por lo tanto, no tienes que centrarte en modificar cómo es ella y cómo fue, sino en cambiar tú; en dar tú un giro a tu vida para superar tu pasado y dejar de buscar el amor y el acompañamiento emocional que necesitaste, pero que no obtuviste, y en darte cuenta de que lo tienes dentro de ti. En tu vida adulta solo puedes aprender a encontrarte bien contigo mismo, sin exigir que los otros te sostengan —ni siquiera tu pareja o tus hijos—, porque, si no, estarás repitiendo los mismos patrones y no conseguirás librarte de ellos.

A lo mejor te resulta útil redactar un pequeño escrito con el que, de alguna manera, te despides de tu yo de antes y das la bienvenida a tu yo de ahora o al menos al que quieres ser. Explícale a tu yo de antes todo lo que necesitaste y no obtuviste y que te ha llevado a tener una vida sin madurez emocional. Después, enfócate en aceptar que dentro de ti tienes todo lo que necesitas y sigue avanzando con el presente y el futuro más claros.

Quizá quieras saber qué puedes hacer con el aluvión de preguntas, reflexiones, recuerdos y emociones que tienes ahora. Aunque no lo parezca, ya has hecho la mayor parte del trabajo: la conciencia y la aceptación, la sinceridad y la madurez. Ahora solo te falta ponerlo en práctica en tu día a día y, por supuesto, tratar a tus hijos como te habría gustado que te tratara o que te trate tu madre, como has aprendido con este libro. Al principio, te resultará complicado, pero, cuanto más conectado estés y más consciente seas del camino realizado, verás que poco a poco todo se va recolocando y empiezas a disfrutar de tu maternidad/paternidad. Si das a tus hijos lo que tú no obtuviste, no solo acabarás este gran trabajo sintiendo de una vez que estás en el buen camino, sino que por fin serás tú y ayudarás a tus hijos a que sean realmente ellos, hoy y siempre.

Cuando mis alumnos concluyen este gran análisis y trabajan a diario para educar y tratar a sus hijos como necesitan estos y no como fueron tratados ellos en su infancia, se dan cuenta de su gran evolución y sienten que están donde quieren estar y son como quieren ser.

Todos llegamos a la conclusión de que aceptar a nuestra madre y ser capaces de mantener con ella una relación sin juicios, reproches, rencores ni dependencias forma parte de nuestra vida y de que, si lo hacemos, sin duda viviremos nuestra propia vida sintiendo y haciendo lo que realmente queremos.

Te animo a probarlo y te deseo un camino feliz y sincero. Muchas gracias.

1

RAÍCES

Reflexiona sobre tu origen
y la educación recibida

Los seres humanos son lo que
los padres hacen de ellos.

RALPH WALDO EMERSON

Recuerdo que cuando era pequeña solía imaginarme de adulta corriendo entre un mar de jazmines, oliendo su perfume y riendo, mientras buscaba a mis hijos ficticios en la blancura perfecta del paisaje.

El jazmín es mi planta favorita y su olor me traslada a mi infancia, a los días junto a mi abuela.

Ella murió cuando yo tenía 12 años y no he pasado ni un solo día sin recordarla, quizá porque ella confiaba y creía en mí, veía mis virtudes y me ayudaba a sacar partido a mis defectos, viendo en ellos posibilidades para avanzar.

Creo que, si a cada uno de nosotros nos preguntaran si volveríamos a la infancia, diríamos sin dudar que SÍ.

Incluso quien ha tenido una infancia difícil, injusta, incompleta, etcétera, querría volver atrás para disfrutarla intensa y dulcemente, como esta etapa merece, porque la infancia es el momento más crucial de nuestra vida y de ella depende nuestro futuro, ya que determina lo que somos y lo que seremos.

Si pudieras regresar a un momento preciso de tu infancia, ¿a cuál sería? Ahora mismo, cerrando los ojos, ¡zas!, para encontrarte en aquel lugar. Sería una experiencia increíble, ¿verdad?

Pues justo esa sensación es la que quiero que consigas al terminar de leer este primer capítulo.

Vas a poder reencontrarte con el niño que un día fuiste y que vive en ti, en tu yo adulto, porque, reviviendo momentos de tu infancia y reflexionando sobre ella, te liberarás y, por ende, conectarás con tus hijos y entenderás las diferentes fases por las que pasan y las necesidades reales que tienen en cada una de ellas.

Cómo revivir la infancia

La mejor y —diría yo— la única manera de avanzar y crecer en la vida, cambiándola y modificándola, acercándote cada vez más a lo que quieres y esperas de ella, es, precisamente, «haciendo las paces» con la infancia.

Es un trabajo en el que no hay vuelta atrás: cuando lo haces, no vuelves a ser la misma persona.

Puede que al leer estas líneas te sientas un poco abrumado e incómodo y que experimentes una sensación de vértigo en el estómago... ¡Eso es genial!

Es como cuando vas a montarte por primera vez en la atracción de feria más alta: tu corazón late a mil por hora; miras lo alto que vas a subir y te sudan las manos. La tentación te lleva de un lado a otro —¿lo hago o no lo hago?—, deseas marcharte corriendo sin mirar atrás, pero en realidad quieres hacerlo. Sabes que es un reto por el que apuestas.

En este viaje pasa exactamente lo mismo.

Estos nervios quizá sean fruto de tu conciencia. Sabes que hubo situaciones de tu infancia que te marcaron —hay cosas que tus padres no hicieron correctamente— y guardas en el fondo un poco de rencor, porque, siendo realista, sabes que estos pequeños granos de arena hicieron la montaña que eres hoy; o, por el contrario, quizá consideres que tus padres lo hicieron lo mejor que pudieron y supieron y no tengas ganas de remover el pasado ni de mirar atrás.

Tanto lo uno como lo otro es negativo para ti, para tu presente, para tu futuro y para tus hijos. Es dañino, por tanto, que vivas con rencor y con una desconexión total con tus padres y tu infancia, porque esto, además de ser perjudicial para tu salud emocional, mental y física, no te permite conectar con tus hijos, entenderlos ni acompañarlos como necesitan. Esta conexión es lo único que impedirá que en el futuro lleven una mochila cargada de piedras.

Tampoco puedes vivir autoengañándote y creyendo que todo fue perfecto o tan perfecto como ellos supieron hacerlo, porque esto también te impide tener una unión real y natural con tus hijos y contigo mismo.

Para ser unos padres responsables, conscientes, positivos, sanos emocionalmente, preparados y coherentes, debemos trabajar nuestra infancia y reconocer lo que nos hizo bien y lo que nos hizo mal, lo que nos ha servido como herramienta positiva para la vida adulta y lo que ha ejercido un poder negativo en nosotros.

En la infancia está la base de nuestra existencia: en las situaciones que vivimos, en las palabras que nos dijeron, en las emociones que sentimos, en lo que ganamos y lo que perdimos, en lo que tuvimos y lo que no tuvimos, en las relaciones sociales, en nuestro entorno, nuestras experiencias, etcétera.

Somos un pequeño libro del cual hay que leer cada página, estudiándola, subrayándola y saboreándola, para poder conocernos y estar preparados para guiar a nuestros hijos con sentido común, respeto y completa conexión.

Por lo tanto, la manera en la que podrás leer tu propia historia es haciendo una reflexión profunda, sincera y transparente, sintiéndote con la capacidad y la libertad suficientes para hacerlo, teniendo claro que para ello solo te necesitas a ti; ni a tus padres ni a tu pareja ni a tus propios hijos: solo a ti, a tu profundo y verdadero «yo».

Aunque no haya una máquina del tiempo para volver al pasado y borrar algunas cosas, debes tener el deseo firme de remendarlas.

Para ayudarte a realizar este profundo trabajo de introspección, te voy a detallar las necesidades de los niños en cada etapa de su desarrollo. Esto no solo va a favorecer que valores si tus necesidades estuvieron cubiertas en tu infancia o no (y, por lo tanto, cuáles has arrastrado a la vida adulta, a tu forma de ser, de pensar, de relacionarte, de comunicarte y de tratar a tu pareja, a tus objetivos vitales, a tu manera de enfrentar las adversidades, etcétera), sino que, además, te irá dando pistas muy claras sobre cómo has acompañado a tus hijos en las diferentes fases de su vida y en las consecuencias, tanto positivas como negativas, que haya tenido en ellos esa forma de actuar.

Yo te ofrezco las herramientas, pero la única persona que puede recapacitar sobre todo esto y utilizar la información en su provecho eres tú.

Es muy normal que, a medida que vayas leyendo y recapacitando, surjan en ti diferentes emociones (enfado, ira, alegría, nostalgia, tristeza, felicidad, miedo, etcétera), algunas relacionadas con tu infancia y otras con el modo en el que educas a tus hijos. Asociado a esto, puede que en algún momento te sientas culpable.

Es normal sentir culpabilidad cuando compruebas que podrías haber hecho las cosas de otro modo, pero lo único que debes hacer con esta conciencia es dejarla fluir sin miedo y utilizar los errores que reconozcas en ti como una oportunidad para cambiar y para mejorar.

¿Estás preparado para ser fiel a tu verdad, abrir tu mente y hallarte libre para sentir lo que tu corazón necesite sentir?

LA NECESIDAD ESENCIAL DEL SER HUMANO

Estamos de acuerdo en que los niños necesitan cuidados. Cuando nace un bebé, todos estamos pendientes de proporcionarle lo que le permite sobrevivir: alimento e hidratación, seguridad e higiene. Sin embargo, ¿es esto suficiente?

Cuando sus hijos crecen, los padres de hoy en día viven preocupados por proporcionarles la mejor educación en el mejor colegio; se empeñan en que saquen las mejores notas; son infinitas las estrategias para conseguir que se laven los dientes tres o cuatro veces al día y para que coman pescado y verduras, sin olvidar la obsesión que tienen con que sean amables y saluden a familiares, amigos y vecinos, siempre dispuestos y con buena cara.

Desafortunadamente, sin embargo, nada de esto es lo importante.

Además de los cuidados básicos para la supervivencia, lo único que necesitan los niños es amor incondicional. Este amor, como su propio nombre indica, es un amor sin condiciones, en el que aceptamos y respetamos a los hijos tal cual son.

Tus padres deben aportártelo, independientemente de que crean que has hecho bien o que has hecho mal, sin tener en cuenta tu comportamiento: si te has comido todo o te has dejado algo en el plato, si has llegado media hora más tarde de lo acordado o si has llegado antes, si has pegado a tu hermano o le has dado un beso, si te has subido al sofá con las zapatillas sucias o, por el contrario, te las has quitado antes de saltar. Es el amor que deben entregarte desde antes de nacer y mantenerlo de por vida. Por tanto, es el hecho de que estén ahí, pase lo que pase, en lo bueno y en lo malo, sin juicios de valor, sin rencores ni amenazas, sin requisitos ni limitaciones.

Si no te aportan este amor en las diferentes etapas de tu infancia, será la gran carencia que cargarás durante toda tu vida y que intentarás suplir de algún modo, ya que, si no lo tuviste, lo seguirás necesitando.

El amor incondicional es esencial para el crecimiento emocional sano; es, además, un derecho de todos los niños y, en definitiva, de toda la humanidad, ya que el amor que les demos durante la infancia, la juventud y siempre es directamente proporcional a los adultos que serán.

Con amor incondicional, nuestros hijos serán capaces de aprender y diferenciar entre lo que está bien y lo que está mal y lograrán ser personas felices, libres, sanas emocionalmente, resilientes (capaces de superar las situaciones difíciles y/o traumáticas que la vida les presente), respetuosas consigo mismas y con los demás, empáticas, bondadosas y responsables.

Hay algo que me gustaría que tuvieses presente durante toda la lectura de este libro (y, a poder ser, siempre): que el amor genera amor y la violencia genera violencia.

Así que, por favor, nunca pienses que les estás demostrando demasiado amor a tus hijos y, si alguna vez lo piensas, pregúntate si a ti, cuando te ofrecen amor las personas a las que amas, quieres o aprecias, te sobra o te reconforta.

NECESIDADES EN EL VIENTRE MATERNO Y DURANTE EL NACIMIENTO

Nuestra sociedad no da al periodo fetal la importancia que merece. Todo se origina en la tripa de nuestra madre, donde empiezan a crearse y a desarrollarse nuestra personalidad y nuestras emociones y, por supuesto, donde el amor incondicional aparece —o debería aparecer— por primera vez.

Estar embarazada no es encontrarse mal de salud y, por tanto, debemos alejarnos de la imagen anticuada de la mujer gestante como una mujer enferma o indispuesta.

Una embarazada sana y con una gestación normal no

tiene que estar metida en cama ni sentirse limitada, aunque tampoco es conveniente que lleve un ritmo de vida frenético. Debe encontrar el equilibrio.

El embarazo es un momento de pura salud y vida y así debe experimentarse, con vitalidad, buena nutrición, descanso y armonía.

La relación con el bebé que se lleva dentro tiene que ser una relación de conexión y amor, de sinceridad y felicidad.

Los altos niveles de estrés de la madre gestante (ya sea por los múltiples miedos relacionados con el embarazo que pueda tener en función de la idea preconcebida que tenga sobre el mismo, la muerte de un ser cercano durante el proceso, las discusiones constantes con la pareja o una separación, muchas horas de trabajo con presión psicológica, numerosas preocupaciones emocionales, etcétera) tienen un efecto en el bebé de por vida, no solo en sus primeros años, sino también en su vida adulta.

Muchas veces, este estrés se expresa en forma de poca conexión con el ser que está creciendo en el interior de la madre; por tanto, el bebé se siente solo e inseguro en el mismo vientre materno, porque, aunque la sociedad crea lo contrario, los bebés sienten y padecen y son conscientes del mundo que los rodea desde que están en la barriga de su mamá.

Déjame nacer en libertad

El parto es un proceso que los bebés viven intensamente. No es para menos, ya que es un momento trascendental y único en su vida: es su nacimiento.

Durante el parto, no solo se debe respetar a la madre, sino también al bebé. Los acontecimientos de este día deben suceder en un clima de profundo respeto, naturalidad, confianza, amor y vida.

Cuanto más natural sea el parto, más se respetan los tiempos y las decisiones del bebé y, por lo tanto, menos traumas acarrean al niño y a su madre.

Así pues, si no es por una cuestión de salud real y justificada para la madre o para el hijo, las comadronas deben acompañar el parto de manera respetuosa y dejar que la madre se mueva libremente, se adapte a su bebé y a su propio cuerpo; deben permitir que coma o beba si lo necesita; deben facilitar su tranquilidad y su positividad y ayudarla en lo que sugiera, acogiendo sus risas y sus lágrimas, sin fármacos ni intervención de tecnología, a menos que sean imprescindibles, y, al fin y al cabo, actuar como un hada madrina que confía en esa mamá y en el momento en el que se encuentra.

Cuando nace el hijo, ese ser tan esperado y que por primera vez se encuentra fuera de su madre, necesita el contacto directo con ella. No pueden ser separados, ya que deben gozar del bienestar de estar uno con el otro, abrazando así la nueva vida que comienza para ambos.

Como dice el neuropediatra Nils Bergman, experto en neurociencia perinatal, «los primeros mil minutos de vida determinan la existencia». Por tanto, si no se respeta este contacto directo con la madre, cada hijo, según la manera en la que experimente las circunstancias de su nacimiento, sufrirá las consecuencias durante toda su vida.

Por ejemplo, es posible que quienes nacieron rodeados de una luz fuerte, ruidos, pitidos, tocamientos abruptos al nacer y separación de su madre sean muy sensibles a los ruidos externos, tengan dificultades para conectarse con ella o presenten altos niveles en sangre de cortisol, la hormona glucocorticoide necesaria, en pequeñas dosis, para la vida, pero cuyo exceso genera consecuencias negativas en nuestro cuerpo, como problemas renales y digestivos, depresiones, deficiencias del sistema inmunitario, trastornos del sueño, etcétera.

Aquellos a quienes metieron prisa en el momento de nacer, utilizando con la madre (y, por tanto, con el bebé que se encontraba en su interior) hormonas sintéticas y diferentes composiciones médicas, puede que se frustren o se enfaden más de la cuenta, si les exigen que acaben algo o que dejen de hacer lo que están haciendo, ya que en su día les desordenaron los ritmos internos, además de padecer un exceso constante de nerviosismo, estrés y ansiedad.

Por otro lado, quienes nacieron por cesárea —con lo cual se les negó el paso por el canal vaginal del parto, la forma fisiológica de nacer, normal y necesaria— pueden sufrir diferentes carencias emocionales y/o físicas durante todo su desarrollo.

En todas y cada una de estas suposiciones, debemos tener en cuenta que las madres también sufren las consecuencias de todo esto: padecen más depresiones posparto, nervios y ansiedades, desconexión con su bebé, sentimientos de culpabilidad, etcétera.

Aunque ya seamos conscientes, cabe recalcar que los médicos existen por y para algo y que hay particularidades médicas y casos concretos que precisan ayuda e intervención, lo cual es totalmente lícito y positivo. Lo importante es no realizar nada que no sea absolutamente imprescindible para la madre o el bebé.

Por lo tanto, nunca hay que concebir el parto como un trastorno o una enfermedad, sino como uno de los actos más bonitos de nuestra vida, en el cual, si se confía en ella, nuestra maquinaria trabaja de manera impecable y a partir del cual en nuestra familia somos uno más, para siempre.

Pase lo que pase ese día, esa mujer y ese bebé tendrán una conexión eterna.

El doctor Allan Shore concluyó en 2001, después de numerosas investigaciones neurocientíficas sobre el nacimiento y la relación de la madre con el bebé, que «las complicaciones que suceden durante el nacimiento afectan la personalidad, la capacidad relacional, la autoestima y los esquemas de comportamiento a lo largo de toda la vida».

Por suerte, mientras nuestros hijos son bebés y niños, podemos ayudarlos (junto a su predisposición genética) a superar la parte traumática de su nacimiento, para que estas secuelas no queden en su interior para siempre.

Te propongo varias maneras de ayudar a tu bebé a superar el proceso del parto, si lo necesita: si tienes un hijo que nació prematuro, puedes estar piel con piel durante el máximo tiempo posible, como con cualquier niño, pero con él más, si cabe. También, llevarlo en brazos todo lo que puedas y tenerlo junto a ti siempre que sea posible. Estando con su madre, los bebés no solo alimentan su estómago al mamar, sino que también se activan y se desarrollan sus conexiones neurológicas, así como su corazón y su parte emocional, y los niveles de cortisol se van equilibrando hasta llegar a los niveles normales en un bebé de su edad.

El porteo ergonómico (el sistema de transportar al bebé respetando su fisiología y su fisionomía, cuerpo a cuerpo con su madre) es una herramienta que considero fundamental en el acompañamiento a nuestros hijos, ya que deben sentirse protegidos y arropados. En sus primeros años, además, necesitan estar muy cerca de sus cuidadores, preferiblemente de sus madres. Si no te gusta portear, puedes llevarlo en brazos todo el tiempo que puedas, aportándole todo tu contacto y tu amor.

Si tu bebé nació por cesárea, puedes llevarlo a que un osteópata especializado en maternidad y pediatría le realice una terapia craneosacral para ayudarlo a concluir el trabajo óseo que no pudo hacer por sí mismo. También conviene estar mucho piel con piel para recuperar el tiempo perdido, os separaran o no en el momento del nacimiento.

Por otro lado, si en el parto de tu hijo te pusieron mucha oxitocina sintética y esto generó que fuera todo más rápido (entre otras consecuencias) el bebé no estaba preparado y eso le ocasionó un exceso de estrés y nerviosismo, puedes jugar con él a juegos divertidos, pero relajantes, darle muchos masajes en los pies, la espalda y los hombros, dormir lo máximo posible corazón con corazón y estar juntos todo el tiempo que podáis.

Puede que en tu caso no hayas dado a luz. Es importante, pues, conocer todos los acontecimientos que vivió tu hijo, tanto durante los meses que estuvo en el vientre como en el momento de nacer, para poder ofrecerle aquello que no tuvo o lo que necesite e intentar solventarlo lo mejor posible con diferentes herramientas, como las que he descrito anteriormente, entre otras. Lo fundamental es que estés bien informada de sus vivencias y estés dispuesta a acompañar sus carencias emocionales con decisión, sentido común y lucidez.

Puedes llevar a cabo muchas acciones que os ayuden; no obstante, el éxito de este primer trabajo siempre dependerá del nivel de conciencia que tengas como madre, del compromiso que adquieras con este fin y de la creencia auténtica de que otra manera de educar y de ver y hacer el mundo es posible; y, por supuesto, has de mantener este compromiso durante todo el desarrollo y el crecimiento de tu hijo y no solo al principio.

Recuerda que el contacto con los progenitores (sobre todo con la madre), los cuidados y el amor durante los primeros años de vida son imprescindibles para el buen desarrollo físico y fisiológico de las personas.

Algo primordial, pues, para comprender y empatizar con la vida intrauterina y sus necesidades, y con los primeros años de los bebés, es investigar cómo fueron el embarazo de tu madre y tu nacimiento. Si te sucedieron este tipo de acontecimientos y no fueron trabajados por tus padres para que pudieras superarlos, habrá aspectos que te seguirán acompañando hoy en día, que son parte de ti y que, además, han ejercido de guía desde el inicio en la relación que tuviste y tienes con tus progenitores y también con tus hijos.

Si buscas en el diccionario la palabra «infancia», el resultado indica que es el periodo que abarca desde el nacimiento hasta el inicio de la adolescencia. Sin embargo, tengo la firme convicción de que la infancia es todo lo que sucede antes de ser independientes de verdad y de sentirnos seguros emocionalmente. Cuanto más y mejor amor incondicional recibamos de nuestros padres, antes seremos personas libres y preparadas para la vida adulta.

Así pues, es posible que una persona nunca se sienta segura emocionalmente y, por lo tanto, que viva atrapada en una infancia interior que la vaya guiando en sus acciones y objetivos como adulta, según crea que es lo correcto para ella.

Esto es, precisamente, lo que estamos trabajando para poder avanzar y no seguir siendo niños en cuerpos de adultos, con algunas necesidades emocionales básicas no cubiertas.

Siempre me gusta advertir a las familias a las que acompaño —y por eso te lo advierto también a ti— que algunas de las cuestiones que trataremos te parecerán, casi con toda seguridad, tristes, incómodas y dolorosas, pero, créeme: este malestar será el primer indicio de que algo se mueve y se modifica en tu yo más profundo y esto será lo que te lleve al lugar donde quieres estar, tanto en tu vida en general (en tu relación de pareja, tus amistades, tu trabajo, etcétera) como en una de las cuestiones más importantes en la vida de las personas, el tema que nos ocupa: el vínculo con tus hijos.

Ámame

Centrándonos en primer lugar en los bebés, podríamos decir que lo único que necesitan es el contacto físico y emocional con su madre y, más adelante, también con su padre.

La relación con sus progenitores durante el primer año marca la base emocional de toda su vida y, si no se les aporta lo que necesitan, a nivel cerebral desarrollarán traumas de diversa índole en cuanto a sus relaciones sociales y su manera de expresar emociones, agresividad y/o comportamientos violentos, propensión a las adicciones, problemas de autoestima, dependencias, intereses confusos, etcétera.

Numerosas investigaciones en diferentes campos (neurociencia, psicología, biología, etcétera) han demostrado que, cuanto menos cuidados y atenciones reciben los niños, más carencias tienen a todos los niveles, y esta es una realidad que, aunque te pongas una venda en los ojos y te empeñes en negarla, está ahí, imperiosa y firme.

Los bebés (y los niños) tienen que ser, por tanto, amados profundamente, abrazados, acariciados, besados, acompañados, protegidos y alentados en todo momento. Ellos son pequeñas personas dependientes, lo único que conocen es el absoluto bienestar de su universo amniótico y necesitan que se los guíe y que el mundo se les presente con todo el amor posible para tener una buena preparación para la vida.

Por todo ello, es muy importante desterrar falsos mitos relacionados con esta primera etapa, como los siguientes:

- A los recién nacidos no hay que llevarlos en brazos, porque se acostumbran: FALSO, porque a lo único que se van a acostumbrar es al amor, el apoyo y la protección de sus padres, algo que se necesita para un desarrollo sano a todos los niveles.
- Hay que dejarlos llorar para que aprendan: FALSO. No se aprende nada con esta actitud, salvo a sufrir, y ese será un sufrimiento que quedará en su cerebro para siempre. Los niños no serán más fuertes porque no se les consuele, sino que serán más fuertes emocionalmente si disfrutan de consuelo.
- Deben dormir solos desde bien chiquititos: FALSO. Dormir separado de su madre es de las peores cosas que le pueden pasar a un bebé. ¿A quién le gusta dormir solo? Los seres humanos estamos programados para vivir acompañados y para sentirnos seguros y apoyados por los que más queremos. Es totalmente incoherente pensar que una pareja necesita dormir unida para consolidar su relación y su vínculo, protegiéndose entre sí, y que un bebé tenga que dormir en una habitación sin compañía, sintiéndose desamparado.
- Los bebés necesitan una rutina desde bien pequeños, sobre todo para dormir: FALSO. Lo único que necesitan es a sus padres. No podemos exigir un horario adulto a un bebé: es inviable e incoherente. Habrá niños que duerman más y otros menos; a algunos les gustará más dormirse mamando y otros mecidos, etcétera, pero, cuanto antes nos metamos en la cabeza que los bebés no son adultos y que sus ritmos son completamente diferentes a los nues-

tros, mejor para todos. Los bebés no deben adaptarse al horario de los adultos, sino que son estos los que tienen que adaptarse al horario y los ritmos de los bebés.

Esta serie de ideas erróneas empezaron a aparecer a partir de la transformación a diferentes niveles que se vivió a finales del siglo XVIII con la Revolución industrial, cuando las madres comenzaron a trabajar muchísimas horas fuera de casa. Surgieron entonces las primeras guarderías, las ideas de autonomía temprana, la lactancia artificial, los canguros, etcétera. Las familias empezaron a vivir estresadas, con prisas y queriendo resultados inmediatos en la educación de los hijos, para que pronto estuvieran preparados para unirse a la clase trabajadora.

Se reafirmó entonces el mundo «adultista» y patriarcal en el que todavía vivimos hoy, un mundo en el cual los adultos piensan solo en sí mismos y creen que a los niños no los afecta nada ni nadie porque son demasiado pequeños y que, cuando sean mayores, todo esto estará totalmente olvidado.

En psicología, este tipo de formas y técnicas se conocen con el nombre de «conductismo», una manera de educar basada en modificar la conducta de los educandos y en la cual las emociones, los sentimientos y las necesidades de los niños no importan ni se tienen en cuenta.

¿Recuerdas la típica pirámide alimentaria que nos enseñaban en el colegio? Con esta figura geométrica nos mostraban los alimentos que eran necesarios para el buen funcionamiento de nuestro cuerpo, ordenados de más a menos importantes, empezando por abajo. Pues bien, en nuestra pirámide «humana» actual, los hijos se han convertido en «las tartas y los dulces» de arriba del todo. Forman parte de la humanidad, sí, pero pasan desapercibidos, como si su vida no tuviese demasiada importancia hasta que se convierten en seres adultos. Por supuesto, esto es totalmente falso y dañino.

Como dice un proverbio maya, «En los bebés reside el futuro del mundo», porque los niños son lo más importante que tenemos, los que tienen la clave de todo y de todos. Además, no debemos olvidar que por el filtro de la infancia ha pasado y seguirá pasando toda la humanidad, generación tras generación.

¿Qué tipo de vínculo emocional piensas que te aportaron tus padres en tus primeros meses? ¿Te has planteado o has investigado alguna vez si te cogían en brazos o si, por el contrario, lo hacían lo menos posible? ¿Si te acariciaban constantemente o más bien iban acortando el contacto físico contigo? ¿Si te daban protección durante la noche o te dejaban en una habitación aparte? Tu presencia, ¿los llenaba de templanza y candor o estaban siempre estresados cuando tenían que ocuparse de ti? ¿Tenías otro hermano que necesitara más cuidados que tú?

Hacerte estas preguntas y tratar de contestarlas con sinceridad te ayudará a comprender muchas cosas sobre ti mismo y sobre las creencias estipuladas en tu interior, que, a su vez, ejercen de barrera en la relación que tienes con tus hijos.

Quizá descubras que nunca te cogían en brazos porque estaban demasiado ocupados con otras labores y te des cuenta de que tú tampoco has cogido a tus hijos en brazos demasiado, o, por otro lado, quizá reconozcas que nunca te besaban ni te daban cariño y a ti ahora te cuesta expresar tus emociones más sinceras a tus hijos o los sobreproteges para tratar de suplir el cariño que no te proporcionaron, etcétera.

La necesidad de ser cuidados, protegidos, amados y atendidos se mantiene durante todo nuestro desarrollo humano, hasta que logramos ser adultos estables y seguros de nosotros mismos.

Así pues, a medida que los hijos van creciendo y aprendiendo de nosotros, empiezan a conocerse a sí mismos y a crecer sintiéndose seres independientes, a darse cuenta de que son personas distintas de su madre y no apéndices.

En estos momentos empieza, quizá, el verdadero reto para las familias, ya que entonces los hijos tienen unos intereses que difieren mucho de los de los adultos y surgen los primeros encontronazos y las primeras pérdidas de control por parte de los padres, acompañadas de los primeros arrepentimientos.

Es que —seamos realistas— educar no es nada sencillo y supone un esfuerzo y una transformación constante por parte de los padres, ya que ellos son los que deben adaptarse a los hijos y no al revés.

Solo soy un niño

Hay que tener claro, pues, cuando llega esta situación, un hito importante: que los niños no son adultos ni adultos en construcción, sino que solo son niños. Por consiguiente, es un error grave exigirles, ya sean pequeños o mayores, que se comporten como adultos y que hagan en todo momento lo que tú, como persona adulta, consideras que es correcto.

Muchos adultos de hoy crecimos con unas responsabilidades que no nos correspondían, con lo cual el puente entre infancia y vida adulta fue inexistente, con las consecuencias que esto conlleva.

Por ejemplo, ha habido niños que tuvieron que trabajar muy pronto para ayudar en la economía del hogar: se levantaban a horas intempestivas, realizaban trabajos duros y han sido separados de sus padres y tratados como personas mayores desde muy temprana edad. Otros tuvieron que cuidar de sus hermanos pequeños y realizar las labores del hogar siendo todavía niños y han tenido en sus manos una responsabilidad demasiado grande para su edad emocional y mental. Había madres que quedaban viudas con tres o cuatros hijos y entonces al primer hijo le tocaba ejercer el rol de padre, sin otra alternativa. También estaban los que se quedaban solos durante horas, porque sus padres llegaban muy tarde de trabajar, etcétera.

Podría seguir reuniendo ejemplos y no acabaríamos nunca, ya que estas situaciones no son solo de tiempos pasados, sino que siguen siendo muy actuales.

¿Te sientes identificado con alguna de estas circunstancias?

Los niños no tienen el razonamiento ni la lógica de los adultos: su cerebro no se encuentra en el mismo estado de desarrollo, tienen la capacidad de vivir el presente con motivación y espontaneidad, son naturales y risueños y para ellos todo es interesante y debe ser explorado.

Necesitan libertad, una libertad segura en la que tú te

mantengas cerca por su bienestar, su integridad y su protección, pero sin privarlos de la libertad tan necesaria para su óptimo desarrollo.

Entre otras cosas, un niño tiene que:

- Jugar y hacerlo libremente, sin pautas establecidas.
- Saltar.
- Arriesgarse.
- Investigar.
- Llorar.
- Reír.
- Gritar.
- Explorar.
- Bailar.
- Equivocarse.
- Correr.
- Conocer el mundo en el que vive.
- Disfrutar del movimiento.
- Imaginar.
- Crear.
- Descansar.
- Sentirse respetado, arropado y querido.

Impedir, por tanto, que vivan de este modo y limitar los intereses intrínsecos de la etapa en la que se encuentran, queriendo que sean adultos antes de tiempo, les produce gran tristeza interior y soledad, que se convierten también en rabia e indignación, entre otras cosas, y que inevitablemente se trasladan a su vida presente y adulta.

Tómame en serio

Otro de los grandes errores que se han cometido y se siguen cometiendo con los hijos es no tenerlos en cuenta. Al leer esto, puede que pienses que esta idea es descabellada y que todos los padres tienen en cuenta a sus hijos. Pues sí: tienes razón en que es descabellado no tenerlos en cuenta, pero no es cierto que todos los padres realmente los tengan en cuenta.

En la sociedad en la que vivimos, parece que los hijos deben acoplarse al mundo de sus padres e ir a remolque, a trompicones, intentando adaptarse a situaciones que no son las que necesitan en realidad. Sin embargo, los padres nunca se adaptan al mundo de los hijos o se adaptan poco, y esto hace que nada que incumba directamente a los hijos se tome muy en serio.

Cuando trabajan sus infancias, muchas personas a las que acompaño se dan cuenta de que eran meros espectadores de su vida.

Cuando llegaban del colegio, nadie les preguntaba cómo les había ido o, si les preguntaban, sus cosas se consideraban tonterías o de poca importancia. Cuando tenían hermanos, nadie acompañaba las emociones que sentían en ese proceso; nadie se preocupaba de las atenciones emocionales que ese momento merecía: simplemente sufrían etiquetas y juicios constantes que contribuían a aumentar su rabia y su inseguridad. Cuando necesitaban gritar, se los hacía callar, porque molestaban; no podían intervenir en una conversación familiar, porque debían esperar a que hablaran los «mayores»; no les estaba permitido llorar, porque eso no era de valientes; no podían jugar mucho, pues jugar no enseñaba nada productivo; no podían tener miedo a nada, porque decepcionaban a sus padres...

¿Eran estos niños tenidos en cuenta en algún momento? ¿Con qué sensación interior se iban a dormir todas las noches? ¿En alguna ocasión se plantearon sus padres que los niños eran personas tan importantes como cualquier otra o más, si cabe, ya que eran sus hijos?

La respuesta a todas estas preguntas es no. Los hijos se dedicaban a cumplir los deseos de sus padres. Sin embargo, recordemos que los hijos no son nuestros genios de la lámpara, sino los suyos propios.

Los efectos en la vida presente y futura de los hijos cuando no se les da la importancia que merecen y necesitan son, entre otros, depresiones continuas, sentirse emocionalmente vacíos, obsesiones, autoestima casi inexistente, utilización de la mentira como herramienta comunicativa, perfeccionismo o dejadez y muchos más.

Para poder ser personas totalmente autónomas e independientes, tenemos que rodearnos de una atmósfera de respeto, tolerancia y comprensión en relación con nuestros sentimientos y nuestras ideas, sean las que sean. Toda manera de ser se debe considerar, respetar y aceptar. Durante la infancia y la adolescencia, ¿te tenían en cuenta tus padres? ¿Eran tus cosas y tus intereses relevantes para ellos o pasaban desapercibidas?

Mi opinión sí importa

Quiero destacar lo fundamental que es dar voz y voto a los hijos en las decisiones familiares o en las que les atañen a ellos, ya que solo si los dejamos tomar decisiones aprenderán a decidir con coherencia y con auténtica sinceridad.

No hace falta pedirles su opinión sobre algo puramente adulto; es decir, no voy a dejar en manos de mis hijos la decisión de pedir una hipoteca u otro tipo de crédito o de denunciar o no a la compañía de la luz por cortármela sin previo aviso, entre otras cosas, sino que hay que pedirles opinión sobre lo que les apetece comer, la ropa que quieren ponerse, la extraescolar a la que quieren asistir o dejar de hacerlo, si el domingo quieren ir a visitar a la abuela o a los tíos, si prefieren ir a comprar a uno u otro centro comercial, al parque de la esquina o al de enfrente, si pintar el salón de casa de blanco o de amarillo y un sinfín de combinaciones semejantes.

Seguramente, al principio no sabrán qué escoger, ya que viven la vida con tanta intensidad que todo les parece interesante y digno de ser escogido. Por eso es muy importante esta atención estable y constante, para poder ir afinando su sentido de la decisión. En capítulos posteriores aprenderemos a saber estar cuando tengan que tomar decisiones, para no intentar moldear su pensamiento, sino ofrecerles nuestra ayuda para lograr un equilibrio esencial.

Con algo tan básico como esto, podemos potenciar que nuestros hijos aprendan a tomar decisiones el resto de su vida, unas veces acertadas y otras no, pero serán sus decisiones, al fin y al cabo.

No saber tomar decisiones o no moverte por un interés intrínseco genera mucha ansiedad, estrés y una gran falta de autoestima y en ocasiones hace que te sientas poco merecedor de algunas cosas o con pocas posibilidades de alcanzarlas.

¿Recuerdas tener voz y voto durante tu infancia? ¿Podías decidir algo en tu hogar? ¿Te habría gustado poder dar tu opinión y que esta fuera significativa?

Con los hijos, debemos desterrar de una vez el «¡Porque lo digo yo!» y unirnos al «¿A ti qué te parece?».

No me manipules

Si hay algo que la sociedad debe dejar de hacer de manera urgente es manipular a los niños. Esta manipulación está integrada de tal forma que muchos la toman como un comportamiento normal. Es curioso que algo que debería hacer que nos lleváramos las manos a la cabeza nos parezca de lo más corriente.

Los niños son confiados por naturaleza y creen que sus padres, el espejo en el que se miran para caminar por la vida, siempre los guiarán para que sean felices. Esta confianza innata que tienen hacia los adultos los vuelve vulnerables y flexibles ante las motivaciones de estos y por eso, en la mayoría de las ocasiones, crecen inseguros, tristes, medio serios, agresivos, extremadamente confiados, miedosos, etcétera.

La adaptación de los niños a las necesidades de los padres crea una personalidad no real en los hijos; es decir, ayuda a desarrollar una personalidad falsa en la que no hacen lo que sienten y/o quieren en cada momento, sino que hacen lo que a sus padres les parece bien.

Seguro que ahora te preguntas: «¿Significa esto que

tengo que caer en una educación basada en la permisividad y en el libertinaje?». No, por supuesto que no, y a medida que sigas leyendo, irás encontrando las herramientas necesarias para aprender a hacerlo correctamente, para permitir a tus hijos ser ellos mismos sin abandonarlos a su suerte.

Esta manipulación de padres a hijos comenzó en nuestra infancia: ellos nos veían como seres indefensos y fácilmente moldeables y nosotros seguimos eternizando esta actitud, generación tras generación.

Si haces memoria, seguro que recuerdas el día en que querías comprarte un pantalón rojo y tus padres te compraron uno verde porque el rojo no les gustaba, o los años en los que era inviable que te vieras con tus amigos, porque tenían malas pintas; los días en los que te ridiculizaban por no saber leer y a tu edad eso no estaba permitido, o cuando tenías que apuntarte a nadar, porque ese era el deporte que querían que hicieses y, como estas, miles de situaciones más.

¿Cuántas personas se ven ejerciendo trabajos que no son realmente vocacionales? Conozco a muchas —más de las que crees— que eligieron estudios promovidos por las motivaciones de sus padres y no por lo que anhelaban en realidad. Esto mismo se acaba convirtiendo en tal pesadumbre que los afecta en todas las áreas de su vida y las sumerge en un día a día triste, estresante y sin expectativas. Muchos son médicos, abogados, profesores, etcétera, porque eso eran sus padres y sus abuelos; otros son ingenieros, porque era lo que más salida tenía. Todos viven una vida vacía, que no es la que quieren.

El mundo adulto está tan perdido sobre cómo orientar a los hijos que se llega a pensar que estos manipulan a sus padres y hasta que son malos y astutos por naturaleza, por el simple hecho de ser pequeños.

Esto es un auténtico insulto a la infancia y a toda la humanidad.

Solo reflexionando un poco y poniéndote en la piel de esos niños y de sus experiencias, te darás cuenta de que tenían todo el derecho del mundo a escoger su futuro, el color del pantalón, el grupo de amigos, su propio tiempo para aprender, etcétera, y que la manipulación venía, precisamente, de sus progenitores, que se creían con pleno derecho a hacerlo y se aprovechaban inconscientemente de sus hijos, por considerarse con el privilegio de dominarlos y de sentirse superiores. Los hijos que pasan por esto sienten en su vida adulta una gran necesidad de aprobación; son personas que casi no pueden dar un paso sin comprobar que a sus padres les parezca bien y extrapolan esta necesidad a parejas, familiares, compañeros de trabajo, amigos, etcétera, ya que poseen una personalidad falsa, moldeada por la adaptación a lo que creían que mejor tomarían sus padres, con una enorme falta de autoestima, de seguridad y de proyecto de vida propio, un proyecto en el cual los verdaderos sentimientos e intereses permanecen escondidos.

¿Y cómo calman estos niños ya adultos su gran frustración? Pues, efectivamente, entre otras cosas, practican con sus hijos la misma manipulación que sus padres ejercieron con ellos; llenan su autoestima adulta de aprobación y de admiración por parte de sus hijos y así se sienten más fuertes que ellos y los manipulan a su antojo, ahora que ya están en el papel de padres. A su vez, los nuevos hijos van integrando que manipular es lo correcto y que es la única manera de conseguir su propósito en la vida, junto a la sumisión y la pérdida de toda aspiración personal.

De este modo, el pescado se sigue mordiendo la cola una y otra vez.

Tengo derecho a cumplir mis propios sueños

Para que puedan ser pececitos libres, debes salir de este círculo de exigencias y normas basadas únicamente en tu interés y pensar más en lo que tus hijos sienten y necesitan. Es importantísimo que no pretendas que ellos cumplan tus sueños: para eso ya estás tú. Ellos deben dedicarse a cumplir los suyos, a ser ellos mismos, y tú debes mantenerte al margen, mientras los guías por la vida con todo el amor y el respeto del mundo. Debemos ayudarlos a no perder su verdadera esencia, su verdadero yo.

Conozco varias familias que, aunque no eran conscientes de la relevancia de esto y de la manipulación que supone, reconocen que obligan a sus hijos a realizar ciertas actividades para que alcancen lo que ellos no pudieron conseguir y cumplir así sus metas a través de sus hijos: estudiar en una buena academia de inglés, porque, para la economía de sus padres en su niñez, era inviable; jugar al tenis, porque su padre tuvo que dejar de hacerlo en la adolescencia para ponerse a trabajar; hacer muchas horas de repaso en matemáticas, porque su madre no es capaz de aprender las tablas de multiplicar y roza los 40, y miles de supuestos más.

¿Crees que te dedicas a lo que de verdad te gusta? ¿Te saliste de la norma, pero te machacaron constantemente con sus opiniones y sus predicciones? ¿Tienes claras tus metas en la vida? ¿Eres sincero con tus verdaderos hobbies y/o aficiones? ¿Piensas que fuiste y sigues siendo víctima de este tipo de manipulación?

Vive tu vida y deja que tus hijos vivan la suya.

No me hagas daño

Todo lo que hemos comentado en los puntos anteriores se debe considerar maltrato psicológico, ya que ejerce un daño moral directo a las personas que lo reciben y, concretamente, a los hijos. No obstante, no debemos olvidar las corrientes de maltrato físico que se han utilizado en a la educación de los hijos y que, por desgracia, se siguen empleando, ya que todavía son muy frecuentes en nuestra sociedad, y, si crees que exagero y que la violencia física con los niños ya está erradicada, voy a demostrarte que no es así.

Imagínate que estás en un centro comercial y ves a un hombre que habla sin respeto a otro, lo insulta y abusa de la violencia verbal y la física. Te pondrías alerta, te sentirías incómodo e incluso, llegado a un punto, tomarías las medidas que estuviesen en tu mano. Sin embargo, si en el mismo lugar contemplaras la escena en la que un padre utiliza con su hijo un tono muy desagradable y le pega una torta porque el niño quiere un juguete que ha visto en el escaparate y el padre no quiere comprárselo, te parecería, seguramente, de lo más normal y pensarías hasta que el padre hace lo correcto al «poner orden» y «marcar al niño».

Y bien, ¿cuál es la diferencia? ¿Acaso no tienen los niños los mismos derechos que los adultos? ¿No son seres humanos que merecen ser respetados? No es solo que tengan los mismos derechos, sino que, además, por el mero hecho de ser niños, sus derechos deberían cumplirse al cien por cien, siempre, sin ningún tipo de excepción.

Puede que pienses que una pequeña guantada no le va a hacer daño, pero debes comprender que pegar a un hijo es utilizar la violencia física con él, abusar de la fuerza adulta y de la autoridad que, como padre, crees tener, sabiendo que le harás daño en mayor o menor medida, que le causará dolor, y en el fondo sabes que lo único que conseguirás será calmar la ira y la frustración que te genera la situación. ¿No sería mejor tener herramientas adecuadas para llevar estas situaciones de manera pacífica, positiva y respetuosa?

Hacer daño no educa; al contrario, solo hace que los hijos se sientan tremendamente desgraciados, perdidos, frustrados, infelices, solos y culpables.

Sí, encima de que se les pega, acaban sintiéndose responsables de esas circunstancias tan desagradables y pensando que tienen la culpa de todas las situaciones, que todo lo hacen mal y que se merecen lo que sus padres les hacen.

Muchos de los adultos de hoy sufrieron este tipo de maltrato físico en su infancia y arrastran, por tanto, un exceso de desconfianza en sí mismos y en los demás, porque las personas en las que confiaban plenamente, las que tendrían que haber demostrado su amor más puro y absoluto, les fallaron en un momento u otro de su pura e inocente infancia.

Cada persona es única y diferente; y no solo eso, sino que también es especial, y esa parte exclusiva y mágica de cada uno de nosotros se nos va, entre otras cosas, cuando nos pegan, nos increpan, nos insultan, nos ridiculizan, nos exigen, nos gritan, nos castigan y nos maltratan.

Esto es absolutamente inamovible, nos guste más o nos guste menos.

De nada sirve excusarse con frases como «Una torta a tiempo lo arregla todo», «El cachete es necesario» o «Más vale marcar que curar», porque esto no hace más que alargar la agonía de la sociedad, la agonía de nuestros hijos.

Hacer daño, de la forma que sea, no es educar y nunca lo será.

¿Recuerdas alguna situación en la que fuiste maltratado físicamente, con pellizcos, tirones de pelo, cachetes en la mejilla, golpes con el cinturón o con algún objeto, empujones, apretones en alguna parte del cuerpo, arañazos o bofetadas?

Si recuerdas algo así, ¿cómo te sentías durante y después? ¿Aprendiste algo más, aparte de miedo, rabia, frustración, sumisión y culpabilidad?

Si revivimos estos momentos, recapacitamos en que nada de esto puede hacerles ningún bien a nuestros hijos y que lo que hará será alejarlos de nosotros y de su propia vida y su integridad.

Se puede llegar a tener una vida adulta totalmente plena y libre si tus padres te respetaron y tuviste la atención que necesitabas en cada momento. Si, por el contrario, no fue así, puede que tardemos toda una vida en recuperarnos.

Mi cuerpo es mío

Un asunto que, desafortunadamente, sigue muy vigente en nuestra sociedad es el de los abusos físicos y/o sexuales a los niños, así como la falta de respeto a su cuerpo, por el mero hecho de ser niños.

Quizá esto te haya sorprendido y creas que es algo de lo más inusual, pero no es así.

El abuso sexual o el abuso del cuerpo físico de los niños es una forma más de manipulación, en la cual el adulto se aprovecha de la inocencia del menor, del poco conocimiento de su propio cuerpo y de su sexualidad.

De verdad, te quedarías con la boca abierta si supieras la cantidad de alumnos adultos con los que trabajo que sufrieron abusos sexuales o físicos por parte de algún familiar durante su infancia: de padres a hijos/as, de madres a hijos, entre hermanos, de tíos a sobrinos, entre primos, etcétera. Esto les ha generado muchas dificultades y traumas en muchísimos ámbitos, que, además, son progresivos y se van adaptando al paso del tiempo y a las nuevas situaciones de los afectados. Entre las consecuencias cabe mencionar las siguientes: angustias, depresiones, fobias sexuales y de otros tipos, sumisión, odio al propio cuerpo, rabia, cierta dependencia del abusador y otras veces miedo absoluto, agresividad, etcétera.

Muchas veces son tan habituales las faltas de respeto a los niños y a su cuerpo que, en los lugares en los que se trata con la primera infancia y la adolescencia de manera usual, se suele tener poco cuidado con el trato corporal que se les da.

En algunas consultas médicas se los desnuda y se los examina de manera poco o nada cuidadosa; se les aplican vacunas sin dejar que se consuelen en los brazos de su madre o su padre; hay endocrinos que hablan de su peso en tono de burla. Como estos, hay muchos ejemplos en los que, sin darnos cuenta, están manejando a los niños como no se merecen.

En estos sitios y en cualquier otro, los padres siempre debemos defender a nuestros hijos, poniendo límites donde y a quien sea necesario, con todo el respeto del mundo.

¿Quiero decir con esto que, si vas a la consulta del pediatra con tu hijo de un añito y el médico le baja la piel del prepucio sin preguntarte, está abusando sexualmente de él? No, sexualmente no, pero sí que se está extralimitando físicamente con el niño por el simple hecho de ser pequeño y él médico. Si esta misma situación se hubiese dado con un adulto, el médico seguramente habría pedido permiso al paciente. Por eso, si es un niño, si este es tan pequeño que no entiende la situación y no puede dar su consentimiento, lo mínimo es que el médico le pida permiso a su padre o a su madre.

Los médicos y otros profesionales que tengan que examinar o realizar cualquier tipo de prueba a nuestros hijos deben tratarlos con el máximo respeto y sentido común, como si lo estuvieran haciendo con un adulto, y los padres debemos oponernos cuando algo no nos parezca correcto, así como dar el visto bueno cuando sí creamos que es lo adecuado para el bien de nuestros hijos.

¿Sufriste algún tipo de abuso sexual durante tu infancia o adolescencia? ¿Puede que haya alguna situación que no considerabas previamente abuso, pero con la que te sentiste incómodo con alguien? ¿Qué trabajo has realizado para superar esto? ¿Recuerdas algún momento en el que tu cuerpo no fuera respetado como correspondía?

No te preocupes: aunque lo lleves anclado en tu corazón, de todo se sale con esfuerzo, terapia, resiliencia, voluntad, amor y respeto.

Déjame sentir

Es curioso el nivel insospechado que alcanza la manipulación de los hijos, a tal punto que el llanto de un niño puede desestabilizar a quien lo cuida de manera exagerada y hacer que su ira lo descontrole, así como todo lo contrario: que el llanto no lo angustie en absoluto y el adulto actúe como quien oye llover.

Ignorar el llanto de un niño que te necesita tiene consecuencias nefastas para su desarrollo, pero no tener suficiente libertad para llorar cuando tu cuerpo lo necesita es casi igual de negativo.

Cuando oían llorar a sus hijos, muchos progenitores les decían cosas como «Llorar es de cobardes», «En esta casa no se llora», «Los chicos valientes no lloran», «Cállate ya», «Basta», «Cierra la boca», que los confundían. «¿Por qué está mal llorar?», pensaban los niños. Llorar cuando tu cuerpo lo precisa, por el motivo que sea, es normal y natural. Con el llanto, los niños expresan sentimientos, emociones y necesidades. El llanto forma parte de su naturaleza.

Nuestros hijos y todas las personas pueden y deben expresar con libertad todo tipo de sentimientos. Los niños no deben tener solo sentimientos buenos y agradables a los demás. Para estar vivos y sentirse vivos, hay que poder sentir de muchas maneras y permitirse muchos tipos de sentimientos, también los erróneamente catalogados como negativos: ira, rabia, impotencia, vergüenza... Deben ser comprendidos, guiados y queridos, aunque lo que sientan o el motivo del por qué lo sientan no nos agrade.

Además, tenemos que considerar que los sentimientos de los niños son más intensos aún que los de los adultos y que es todavía más importante guiar bien este conocimiento y esta conexión con sus propias emociones.

Mira, por ejemplo, el caso real de Mercedes —uso un nombre ficticio para respetar su intimidad—, una mamá que es alumna de mi Formación Intensiva.

Ella vivía con sus padres y sus tres hermanos en una casa a las afueras de la ciudad. Recuerda que su madre la obligaba a realizar los ejercicios de matemáticas a la perfección. Los tres chicos eran muy espabilados en esa área; sin embargo, a ella no le gustaban. Cada vez que tenía deberes de la dichosa materia, se tiraban horas ridiculizándola, exigiéndole y mofándose de su poca capacidad para las mates. Cuando conseguía acabar, lloraba de pura impotencia. Sus padres le decían que callara, que dejara de llorar; no tenía derecho —pensaban—, con lo inepta que era con ese tema, de modo que creció sumida en un calvario emocional, sin apoyo, sin consuelo y sin amor incondicional.

Además de acarrear una mochila llena de piedras que condicionó negativamente la relación con sus padres, Mercedes también generó una especie de enemistad con sus hermanos, esos «perfectos» a la vista de sus padres. Ella trabaja día a día para superar esa mochila y para quitarse el lastre y no llevar a sus hijas por el mismo camino, ya que, aunque considera que no le importa que sus hijas aprueben matemáticas, les exige mucho en el resto de las materias, tanto que a veces se olvida de que sus hijas son sus hijas y no sus marionetas.

Las personas —ya lo ves— somos seres emocionales y estas emociones deben ser conocidas por quien las siente, además de expresadas y degustadas. Solo expresándolas libremente podremos llegar a ser quienes queremos ser en realidad.

Te preguntarás entonces si hay que dejar que los hijos, cuando experimentan emociones intensas, griten, peguen, lancen patadas al aire, digan palabrotas... No te preocupes: en el cuarto capítulo, «Hojas», aprenderás más sobre lo que se puede hacer en esos momentos con tus emociones y las suyas.

En mi casa quiero ser feliz

¿Cuántas familias viven a diario llenas de malestares, gritos, castigos, estrés, ansiedades, prisas, exigencias y discusiones constantes? Conozco a cientos.

Son familias que no quieren vivir ese tipo de vida —reconocen— y que necesitan cambiar, porque vivir en un hogar donde hay mal ambiente constante no es lo que quieren: no es agradable ni los hace felices.

Todas las personas necesitamos vivir en un lugar donde haya buen clima, donde se respire calma y serenidad. Está claro que los días no son siempre de color de rosa y que en la vida hay momentos buenos y momentos tremendamente malos, pero como padres debemos esmerarnos para llevar estos últimos de la mejor manera posible.

Los niños, por tanto, necesitan vivir en un clima afectuoso: un ambiente de aceptación. Como padres, tenemos el cometido de ser comprensivos, abiertos, empáticos, sinceros, amables, alegres, claros y tolerantes y de saber escuchar, sin incoherencias ni contradicciones, de forma consciente, sensible, etcétera.

¿Qué tipo de ambiente había en tu casa? ¿Era afectivo y acogedor, aunque hubiera momentos malos, o deseabas estar fuera de ella o encerrado en tu habitación, en vez de relacionarte con tu familia?

Tenemos la responsabilidad de ser siempre conscientes de que los hijos nos observan: como seamos y demostremos ser, así serán ellos. Es una espiral que nunca acaba, que está en constante rotación, crecimiento y evolución.

Eres ejemplo. Recuérdalo siempre.

NECESIDADES EN LA ADOLESCENCIA

Como sabes, pienso que la infancia es todo lo que concierne al antes de ser adultos emocionalmente.

No obstante, quiero hablarte más en concreto sobre

la adolescencia, que, aunque es un periodo más dentro de la evolución hacia la vida adulta de una persona, es una etapa a la que debemos prestar mucha atención y respetar los ritmos y sentimientos de quienes se encuentran en ella en estos momentos.

Cada fase del desarrollo de los hijos es un escalón más para poder llegar a la vida adulta siendo las personas que quieren y desean ser. Por eso cada una de ellas es un avance hacia la madurez y la autonomía, donde surgen nuevas oportunidades para conocerse y conocer el mundo.

La adolescencia provoca en las personas una gran crisis vital, en la que el cuerpo está a mil revoluciones y los cambios fisiológicos juegan un gran papel, además de las oleadas emocionales que se presentan diariamente.

Las últimas investigaciones en neurobiología y ciencia coinciden en que, durante la adolescencia, el cerebro vive una serie de modificaciones y conexiones parecidas al formateo de un ordenador. Nuestro cuerpo vive una metamorfosis íntegra y, por lo tanto, es un momento que debe ser muy cuidado y acompañado por los padres.

Como indica la doctora francesa Catherine Dolto, pediatra y experta en haptonomía, «la adolescencia es un segundo nacimiento».

La adolescencia es, por tanto:

- Una etapa en la que no le temes a nada, pero temes todo: realmente sientes que te quieres comer el mundo, que nada puede salir mal, pero a la vez sabes y sientes que no estás preparado.
- Una etapa en la que quieres estar solo, pero con al-

guien: lo que más necesitas es estar solo, en tu mundo y con el vacío interior que sientes, sin distracciones ni molestias, pero a la vez te encanta que te cuiden, te presten atención a ti y a tus cosas y te den todo el amor incondicional posible.

- Una etapa en la que no te da miedo la muerte, pero te asusta: existencialmente, piensas que todo te da igual; solo tienes intereses momentáneos, que, además, te dan muchos quebraderos de cabeza, pero a la vez te desequilibra no saber en realidad mucho sobre la muerte.

- Una etapa en la que el desamor duele tanto que no te importa morir: ligado al punto anterior, parece que murieras constantemente de amor. Los primeros amores y desamores son tan intensos que todo el tiempo y el pensamiento se van con ellos.

- Una etapa en la que las personas que más quieres son tus amigos y no tu familia: necesitas alejarte de tus padres y de tu entorno y rodearte de los que más te entienden, que son precisamente tus amigos, que, además, se encuentran en tu misma sintonía.

- Una etapa en la que el sexo, día sí y día también, es lo más importante: es un momento en el que tu cuerpo físico y tus hormonas te piden y necesitan experimentación y es muy complicado lidiar con esto si, además, es un tabú en el entorno familiar. Sientes una necesidad primaria de la que, encima, ni siquiera puedes hablar.

- Una etapa en la que quieres ser libre y no te dejan: necesitas pasar de lo que tus padres te digan, no quieres saber nada de obligaciones, pero ellos se empeñan en mirar con lupa cada situación por la que atraviesas.

- Una etapa en la que crees tener una bola de cristal: te imaginas tu futuro ideal y piensas realmente que así será, pero no te preocupas por la manera de conseguir lo que imaginas.

- Una etapa en la que es hoy sí y mañana no: los cambios de humor son frecuentes y en ocasiones ni tú mismo te entiendes.

- Una etapa en la que te piden que seas adulto, pero no sabes serlo: los padres se empeñan en exigir a los chavales comportamientos de adultos, pero no lo son. Sin embargo, están en uno de los momentos más importantes de su vida: respetemos eso y dejémoslos investigar, disfrutar y conocer en profundidad esta fase.

- Una etapa en la que quieres ser tú, pero no te conoces: es el momento en el que más hondo miras dentro de ti, te planteas quién eres y empieza a surgir un interés real por la propia personalidad, por los verdaderos intereses y motivaciones.

- Una etapa en la que quieres dejar de ser niño, pero te gustaría dormir abrazado a tu madre cada noche: necesitas más protección que nunca, porque te sientes pequeño en un mundo de titanes, pero a la vez quieres ser independiente.

La adolescencia es un periodo tremendamente criticado, juzgado y avasallado. Tiene esa etiqueta tan fea de rebeldía y parece que todo el mundo se compadece de los padres que tienen hijos de esa edad.

Es típico ver a dos madres que se encuentran por la calle después de años sin verse y tienen conversaciones parecidas a esta:

—¡Teresa! ¡Qué alegría verte!

—La verdad es que sí, Inma. ¿Cuánto tiempo ha pasado? Damián debe de estar enorme, ¿no?

—Pues ya ves: adolescente perdido. No hay quien lo aguante. Rebelde sin causa, lo llamo yo.

—¡Ayyyyy! ¡Mucha paciencia! Con Estefanía fue un calvario.

Ninguna de las dos tuvo en cuenta la importancia del momento en el que se encontraba Damián: la empatía era toda para esa madre que, por desgracia, no sabía ofrecer a su hijo el acompañamiento que necesitaba.

En este proceso tan significativo llamado adolescencia empiezan a surgir las primeras carencias de la infancia. Sin ser conscientes, aquel amor incondicional no recibido empieza a hacer mella en nuestra persona de manera muy profunda. ¿Sabes eso que se suele decir: «Si nos salieran los dientes de leche siendo adultos, no lo soportaríamos»? Pues pienso que es aplicable también a la adolescencia. Pocos (o ninguno) llevarían bien la multitud de factores físicos y psíquicos que la engloban si tuviéramos que volver a pasar por ella.

¿Cómo recuerdas tu adolescencia? ¿Te sentiste valorado y respetado? ¿Volverías a aquella época si te dieran una pócima del tiempo? Si así fuese, ¿qué cosas cambiarías del comportamiento de tus padres hacia ti?

Cuida la adolescencia de tus hijos. Cuídala, porque

se acaba y no vuelve. Cuídala, porque merece todo tu respeto y tu atención. Cuídala, porque te lo agradecerán toda la vida y parte de la eternidad.

NECESIDADES NO CUBIERTAS: CONSECUENCIAS QUE SE ARRASTRAN DE POR VIDA

¿Te has planteado alguna vez la cantidad de millones de personas que piden ayuda a profesionales (psicólogos, psiquiatras, psicoterapeutas, etcétera) o que realizan técnicas de diversa índole para superar la depresión, la ansiedad, el estrés y los nervios, las fobias, los miedos y numerosas dificultades más y para mejorar su autoestima? ¿Has relacionado alguna vez con la infancia alguno de estos trastornos que se sufren constantemente en nuestra sociedad?

Por lo general, la mayoría de la población no los relaciona. Se dedica a vivir pensando que las preocupaciones diarias, los diversos acontecimientos y experiencias son los causantes de estas dificultades, pero están equivocados, ya que todo, absolutamente todo lo que nos pasa, está unido por un hilo invisible con nuestra infancia. Aunque todas las personas poseemos un componente genético que se encarga de mucho, en nuestra manera de afrontar las distintas situaciones de la vida —accidentes, acoso escolar, separaciones o divorcios, muertes y duelos, abusos sexuales, vejaciones... los momentos duros y menos duros a los que nos enfrentamos, los aciertos y los errores, nuestras pérdidas y los momentos delicados, nuestros grandes éxitos y nuestra felicidad—, son nuestra infancia y nuestra adolescencia las que llevan la batuta.

De ellas depende que afrontemos todas las experiencias de una manera u otra. Por tanto, si te educaron en un ambiente de respeto, apoyo, sentido común, coherencia, escucha, tolerancia, amor incondicional y protección, estarás más preparado para todo lo que la vida te tiene guardado que si creciste en un ambiente lleno de faltas de respeto, castigos, gritos, ridiculizaciones, etiquetas e innumerables tratos erróneos más.

Cuando comparto algún artículo mío en las redes sociales, algunas personas se quedan satisfechas y dicen cosas como «Pues a mí me castigaron y no tengo ningún trauma», «A mí me llamaban tonta y aquí estoy, sana y salva», «Si las bofetadas causaran secuelas, estaría loco», etcétera. No los culpo.

Es totalmente normal que, si no eres consciente y nunca trabajas en ello, te quedes anclado en una falsa realidad que no te ayudan en nada a ti ni a tus hijos.

Como ya hablamos de los efectos de no recibir amor incondicional, vínculo, protección, no represión, estar piel con piel, sentir el contacto durante la estancia en el vientre materno y el nacimiento, vamos a valorar algunas de las consecuencias de que no te aporten lo que necesitas durante el primer año de vida, el resto de la infancia y la adolescencia, para que lo entiendas mejor y puedas meditar concretamente sobre el efecto que ha tenido en ti y en tu manera de educar a tus hijos.

Recuerda que en cada uno de los puntos hay muchas variantes (factor genético, sexo, edad, capacidad de resiliencia, etcétera) y que depende de todos los aspectos vividos por cada persona y la mejor o peor adaptación a los diferentes acontecimientos que le hayan ocurrido en la vida.

Numerosos estudios e investigaciones de diferente índole —algunos están incluidos en los enlaces de interés al final de esta misma obra— indican que todo este tipo de cosas causan un efecto negativo directo en nuestras células y en nuestro cerebro (concretamente, en nuestro sistema nervioso) y nos acompañan siempre, día tras día.

Entre estas investigaciones están las de Sue Gerhardt, psicoanalista británica y una de las mayores expertas en el estudio de este campo, que indica que la base emocional de toda nuestra vida está en nuestra infancia y que desatenderla puede causar depresión, ansiedad, estrés, problemas para expresar y sentir amor incondicional, maltrato físico o psicológico a la pareja o a seres queridos, enfermedades crónicas y autoinmunes, agresividad, dificultades sociales, hiperactividad, rabia e ira interior, necesidad de aprobación, obsesión con el orden y la limpieza, sumisión, fobias, trastornos del sueño, adicciones (a drogas, tabaco, alcohol, comida, sexo, etcétera), apegos materiales, dificultades para comunicarse correctamente con los demás, necesidad de sentirse alabado continuamente, exceso de disciplina con los hijos o permisividad, problemas para expresar sentimientos, etcétera.

En 1980, Cantwell y Garbarino, psicólogos expertos en el abandono afectivo en la infancia, tras múltiples estudios, afirmaron que «los comportamientos negligentes con los hijos, reforzados por las palabras que los acompañan, desarrollan poco a poco en las víctimas un sentimiento de inferioridad, baja estima de sí mismos, un sentimiento de inadecuación, así como de tristeza y ansiedad crónica».

Algunas de las consecuencias específicas de no satisfacer las necesidades emocionales concretas durante la adolescencia —muchas de ellas han sido contrastadas en las investigaciones de Jorge Barudy, neuropsiquiatra y terapeuta familiar que desempeña su trabajo principal en diferentes facultades de Medicina— son las siguientes: seguir ciegamente la autoridad de los padres, obediencia extrema, vacío laboral (no sentirse a gusto en ningún trabajo), desconfianza y miedo a los demás, comportamientos violentos y provocadores, falta de éxito profesional, dificultad para recuperarse de un desengaño amoroso, problemas para salir de relaciones tóxicas, autoinsultos y autocastigos, etcétera.

Después de revisar todas y cada una de las consecuencias, ¿eres consciente de padecer algunas? ¿Las sabrías relacionar con tus vivencias de la infancia o la adolescencia? ¿Desde qué momento de tu vida piensas que te sientes así? ¿Te gustaría modificar algunas de tus características pero te crees incapaz?

Ya sabes que, para cambiar tu vida cotidiana y mejorar, lo principal es ser consciente de ello, trabajarlo y educar a tus hijos cubriendo todas sus necesidades emocionales.

Por supuesto, otra de las grandes consecuencias de la falta de apoyo emocional es, precisamente, pagar con los hijos todas estas emociones internas y estas carencias integradas de la infancia. Todo lo que uno no es capaz de gestionar de manera óptima en su vida adulta se utiliza en contra de los niños y las frustraciones se usan en contra de los hijos sin ni siquiera darse cuenta. Por lo tanto, todo se convierte en el día de la marmota y se repite constantemente, a menos que se trabaje.

Es importante tener en cuenta que nuestras carencias y la relación y la comunicación que tenemos con nuestros hijos no tienen por qué ser causa-consecuencia; es decir, muchas familias con las que comienzo a trabajar me dicen que previamente no ven la relación entre su infancia y su manera de educar, porque creen, por ejemplo, que, si les pegaban bofetadas, como ellos no lo hacen, ya no están educando de la misma manera en la que los educaron a ellos. Esto no es así. Puede que les pegaran bofetadas y que ellos lo suplan exigiendo un alto nivel académico a sus hijos, bajo una supervisión constante, o puede que nunca les prestaran atención ni recibieran muestras de cariño y que ellos actúen con sus hijos con una sobreprotección asfixiante. No tienes por qué hacer lo que te hicieron para que sea una carencia de la infancia expresada en tus hijos: puede ser todo lo contrario o algo que no tenga nada que ver directamente, pero que está guiando tu comportamiento y la manera en la que te comunicas con ellos.

Como ves, educar a nuestros hijos va mucho más allá de enseñarles a recoger los juguetes, poner la mesa, lavarse los dientes o tener un buen nivel de inglés. Y, ciertamente, lo único que importa —porque así conseguirán todo lo que se propongan en la vida— es tratarlos como ellos merecen y necesitan.

Ese es su pasaje directo a la felicidad y al equilibrio vital.

Hay que despertar y reflexionar, ya que, si no, podemos estar perdiendo una de las grandes oportunidades que nos brinda la vida: la de educar, acompañar y guiar a las personas que más queremos y que más nos necesitan hacia una vida feliz, libre y responsable, para que aprendan a superar las adversidades y a comprenderlas como parte del proceso, una vida en la que no tengan miedos impuestos, posean su personalidad real, sean asertivos y resilientes, sepan dialogar, respeten y sean respetados, cumplan sueños, superen retos, integren las adversidades como oportunidades de aprendizaje, disfruten de cada momento, confíen y sepan desconfiar, valoren, estén motivados ante el presente y el futuro, tomen decisiones personales sin influencias, etcétera.

Educar a nuestros hijos es como preparar un viaje al espacio, algo realmente importante en lo que hay que tener en cuenta cada detalle, porque un solo error puede condicionar todo el proyecto. Cuanto más pequeño sea el error, mejor y antes se podrá reparar; en cambio, cuanto mayor sea, más difícil será de solventar.

Cuanto más pequeños somos, más fácil es que nos repongamos de las heridas de nuestra infancia si nuestros padres abren la conciencia y nos empiezan a guiar, mientras que, cuanto más mayores, más cuesta, ya que todos los años de nuestra vida, nuestras cargas y nuestros momentos van creando el puzle que somos.

Sin embargo, por eso estás leyendo estas líneas: porque quieres reponerte, recuperar el tiempo perdido contigo y con tus hijos y ser la persona y el progenitor que deseas, con momentos buenos y malos, sin duda, pero sin momentos dañinos que causen a tus hijos unas carencias difíciles de enmendar.

A continuación, voy a darte una serie de pautas para que puedas trabajar en tu propia restitución y mejoría. De seguirlas a conciencia, obtendrás efectos positivos en todas las áreas de tu vida y, por supuesto, en la relación con tus hijos.

Cómo trabajar para superar los momentos difíciles de nuestro pasado y poder educar a los hijos como realmente lo necesitan

Sí: como hemos visto, hay momentos vividos en la infancia que te convierten literalmente en cenizas, pero nunca es tarde para reconciliarse con el pasado y con uno mismo, como nunca es tarde para aprender a nadar y a montar en bicicleta, para viajar o aprender un idioma, y nunca es tarde para reencontrarte con tu niño interior, mirarlo a los ojos, darle el amor que necesitaba e ir con él a todas partes, pero siendo consciente en todo momento de que ya no eres él ni quieres serlo, porque ahora estás en un periodo de tu vida mejor y él existe dentro de ti.

Si nunca asumes que tienes que coser heridas, anhelarás volver a ser ese niño toda tu vida. Si, en cambio, empiezas a coserlas, comenzarás a vivir tu vida de verdad: la vida que ese niño querría para ti.

Este trabajo no es fácil: a algunas personas les lleva meses, años e incluso me atrevería a decir que, en muchas ocasiones, es algo que se va superando y se aprende durante toda la vida, día tras día con ayuda y constancia.

Es muy importante no quedarse anclado y esforzarse

en sobreponerse, ya que hay que aprender a vivir en paz con el pasado y con el presente y así asegurarnos esta tranquilidad interior también en el futuro.

Has recorrido buena parte del camino al empezar a leer este libro, porque iniciarte en la reflexión de cada etapa de la infancia y de tu pasado te ha conectado con los sentimientos y las emociones que viviste de niño y, aunque ahora no encuentres relación entre todo aquello y el adulto que eres hoy, poco a poco lo irás descubriendo.

En muchas ocasiones, no queremos culpabilizar a nuestros padres y los defendemos con frases como «Eran otros tiempos», «No sabían hacerlo mejor», «Trabajaban muchas horas», «Pobrecillos, nos queremos mucho». Hay que tener claro que una cosa es ser comprensivo y consciente de las limitaciones que tuvieron y que tienen y otra es mentirse a uno mismo con una infancia perfecta cuando no fue así. Recuerda que no estamos culpándolos ni vamos a dejar de quererlos; simplemente estamos reorganizando nuestra vida y rompiendo barreras.

Para sentir que tu infancia no fue agradable, no hace falta haber recibido malos tratos o abusos; basta con no haber tenido cubiertas las necesidades descritas en cada una de las etapas de desarrollo de nuestra infancia.

Después de este primer paso de lectura, reflexión y viaje, llega un periodo de integración. Para ello, debes dejar salir todas las emociones que te surjan: enfado, dolor, alegría, ira, miedo, felicidad, rabia, frustración, amor, añoranza, confusión, calma, ansiedad, culpa, nostalgia, decepción, rencor, pena, cariño, vergüenza, tristeza, odio, empatía, angustia, asco, plenitud... Para conseguirlo, debes expresarlas como más te apetezca, no sin antes reconocer realmente lo que estás sintiendo y el suceso o los sucesos que han hecho que te sientas así. Hay personas que expresan todo lo que les provocan los recuerdos llorando durante días; otras necesitan hacer footing o practicar deportes intensos varias veces a la semana y conectarse de este modo con esas emociones; hay quien ríe descontroladamente, etcétera.

Una vez recorridas todas las etapas, revividos los momentos y expresadas las emociones que hayan generado en ti, tendrías que centrarte en la visualización: cerrar los ojos y volver a verte en cada una de las situaciones y en los momentos —para ayudarte, puedes usar fotos tuyas de niño, con diversas edades— que necesites trabajar y superar. Entonces, contempla al niño que eras, vuelve a verte a ti mismo, abrázalo cuando se esté sintiendo mal y sonríele cuando se esté sintiendo a gusto y tranquilo. Haz esto siempre que lo desees: te ayudará a recapacitar, a sentirte bien y a avanzar.

El último paso de esta transformación es una de las partes que más me gustan: un momento al que llamo «las cartas poderosas».

En este punto del proceso se deben escribir cartas a diferentes personas y con distintos fines. Escribir, aunque no sea algo que te apasione, te ayudará a reencontrarte, a expresarte sin tapujos y a liberarte.

Se trata de escribir tres cartas:

La primera carta es la más especial. Es la que vas a escribirte a ti mismo, pero al ti mismo del pasado. En ella debes dirigirte a aquel niño y decirle todo lo que sientes.

Has de decírselo como si fuera otra persona, pero sabiendo que está muy cerca de ti. Dile que lo quieres más que a nadie, dile que tendrías que haberlo ayudado en ese momento, pero que no sabías, y que no se sienta culpable de lo que sintió o hizo, ya que era lo que sentía y era válido e importante. Explícale cómo eres ahora y cómo quieres ser, dile que vive en ti y que serás fiel y constante en tus sueños, en los sueños de ambos.

Te pongo un ejemplo:

> Querida Elisabeth:
>
> Eli, soy yo. ¿Me reconoces? Me he dejado el pelo largo, muy largo, como a nosotras nos gusta y no nos dejaban. ¿Estoy guapa? Te escribo para pedirte perdón, perdón por las veces que te fallé, que no estuve contigo, que no te defendí. Lo siento: no sabía cómo hacerlo, pero no te preocupes, porque ahora sí que pienso luchar por las dos. Nunca dejaré que nos alejen de nuestros anhelos ni que vivir nos resulte aburrido o desolador. Te quiero, Eli; te quiero como jamás he querido a nadie y, por favor, recuerda siempre ser tú.

Después de esta primera carta, debes sentirte reconfortado y más liberado. Puedes escribirle a tu niño interior tantas cartas como necesites, trabajando en cada una de ellas una parte relevante de tu infancia.

La segunda carta es para tus padres. Esta carta debe ser puramente personal y no tienes por qué enseñársela. Hay personas que piensan que su relación ha mejorado, que es diferente y que la confianza es plena y se animan a entregársela, y hay otras que se la dan por pura necesidad. Yo no lo recomiendo, ya que, si no tienen el mismo punto de vista y no se han trabajado a sí mismos, esta carta puede distanciaros más o provocar un shock familiar para el que, quizá, no estés preparado ni sea necesario: has de recordar que es una tarea personal. De todos modos, es tu elección y debes decidir con el corazón y con la intuición.

En esta carta debes hablar sin pudor, sin miedos ni temores, sin precaución. En esta carta debes decirles respetuosamente todo lo que piensas, todo lo que te dolió, lo que te marcó, lo que te alegró y te gustó o lo que te perjudicó. Es muy importante, también, que les digas todo lo que necesitaste y no te dieron en todas y cada una de las ocasiones que te interese superar.

Es una carta realmente reconfortante. Escríbela confiando en que así será y diciendo y sintiendo siempre tu verdad. Un modelo de carta sería:

Querido padre:

No sé ni por dónde empezar. Primero he de decirte que te echo de menos, todos los días y a todas horas. Echo de menos los pocos momentos en los que me llevabas a pasear en bicicleta o me subías a caballito y trotabas por toda la casa. ¿A dónde te fuiste? ¿Por qué te entregaste al alcohol y nos abandonaste? No puedo perdonarte; no puedo, porque todavía me duele recordar verte pegando a mamá o tirándome el plato de lentejas a la cabeza las veces que me atrevía a decir que no quería más. Solo necesitaba tu amor, te necesitaba a ti. Es curioso que puedas echar tanto de menos a alguien que ahora mismo se encuentra sentado a la mesa de al lado, y es que ese ya no eres tú: nunca jamás volviste a ser tú. Espero que algún día vuelvas y, aunque no me subas a caballito, nos comamos unas lentejas frente a la chimenea y comentemos juntos lo bonito que se ve el sol del atardecer.

Te quiere siempre, tu hijo,

JUAN

Escribe todas las cartas que quieras, y guárdalas en el sitio en donde tengas tus cosas importantes. Es posible, no obstante, que deshaciéndote de ellas o quemándolas te sientas mejor, así que debes decidir con sinceridad.

Escribiremos la tercera y última carta a aquella o aquellas personas adultas que significaron mucho para nosotros, las que consideremos protectoras de nuestra infancia, que nos apoyaron y respetaron y a las que guardamos un cariño especial. Puede ser un profesor, una abuela, un tío o una prima. Dale las gracias y dile lo que sientes y lo que supuso y supone para ti. Por ejemplo:

Gracias, tía Irene, por ser tú. Gracias por cuidarme, por respetarme, por mostrarme tu apoyo y por estar siempre ahí. Gracias por confiar en mí día tras día. No sería lo mismo sin ti.

Te quiere,

MAR

De estas cartas puedes saber solo tú o puedes compartirlas con alguien muy cercano en quien confíes y al que te apetezca hacer partícipe de tu metamorfosis. Es interesante, también, que esta persona haga lo mismo con su propia infancia, porque así os sumergís en un pasado compartido, con el intercambio de emociones y el gran avance personal que esto supone.

Puedes dar todos estos pasos las veces que desees; poco a poco irás sintiendo calma y seguridad, confort y motivación por la vida que tienes y la que quieres tener.

Por supuesto, tras todo este gran trabajo, existe una excelente manera de mejorar y renovarse, que es, precisamente, educando a los hijos en el respeto, el amor y la coherencia, ya que, cuando empiezas a educarlos teniendo en cuenta todas sus necesidades, sabiendo el papel que cumplen tu infancia y tus emociones en su camino y su evolución, sabiendo ofrecerles lo que por derecho deben tener, la vida se ve de otra manera y comienzas a respirar, a resurgir y a disfrutar de cada momento junto a ellos y junto a ti mismo.

La aceptación

Hay personas a las que, después de esforzarse durante todo el proceso, les queda un mal sabor de boca enorme cuando piensan en sus padres. Sienten una especie de rencor que los paraliza y les genera mucha desazón y angustia.

Esto es normal y necesario: es un duelo que en realidad nos está preparando para crecer como personas y como padres. Si no despertáramos nunca, ignoraríamos nuestra verdad de por vida.

Deja fluir todo este rencor el tiempo que necesites para dar paso después a la aceptación.

Cuando uno trabaja y se sincera sobre lo que le hizo daño y lo que no, se encuentra preparado para aceptar quiénes son sus padres, para aceptarlos tal cual son y tal cual fueron, agradeciéndoles el simple hecho de darle la vida y de brindarle la oportunidad de vivir, y puede reconocer a sus padres como personas que también tendrían que reencontrarse con su infancia; de no hacerlo, no pueden ver más allá de aquello para lo que estén preparados.

El adulto que eres ahora tiene la capacidad de seguir sus motivaciones y sus objetivos y de vivir como mejor le convenga, con responsabilidad, respeto, amor y empatía y, por tanto, dando ese ejemplo de vida a sus hijos. El adulto que eres ahora lleva siempre en su corazón al niño que fue: ambos con la cabeza bien alta y únicamente con el miedo necesario, ni más ni menos.

Después de realizar este pequeño viaje las veces que sean necesarias y buscar ayuda profesional si es preciso, estás más capacitado para educar a tus hijos como ambos necesitáis y merecéis.

Recuerda, por tanto, que tus pensamientos, comportamientos y palabras dibujan el sendero de la vida de tus hijos; procura, entonces, que sea un camino con sus correspondientes subidas y bajadas, pero respetado, agradable y vivaz.

2

TALLO

Aprende a comunicarte con tus hijos de manera óptima

El factor educacional más influyente es la conversación en el hogar del niño.

WILLIAM TEMPLE

Las palabras calan muy hondo, permanecen siempre en el corazón, tienen la capacidad de influenciar a las personas, tanto para bien como para mal, e influyen mucho más cuando te las dicen las personas que más quieres y en las que te fijas para crearte como persona y que, por norma general, son tus padres.

Todos tenemos anécdotas que contar respecto a cosas que nos dijeron alguna vez y que nos quedaron grabadas en la memoria para siempre.

Es que el modo en el que hablamos a nuestros hijos, la forma en la que nos comunicamos con ellos, condiciona su vida presente y futura.

Después del trabajo inicial realizado en el capítulo «Raíces», estás listo para aprender a comunicarte con tus hijos de manera óptima y positiva.

Cuando inician este proceso, muchas familias sienten

preocupación por si la forma de comunicarse con sus hijos hasta ahora los habrá marcado tanto que sea difícil mejorar la relación.

No hay que preocuparse, pero sí comprometerse para el cambio.

Siempre digo que la vida es como una película de estreno, de la que primero ves el tráiler y luego toda la cinta. Los primeros años de nuestra vida, de los 0 a los 7 años aproximadamente, son los que montan el tráiler de nuestra historia y, por lo tanto, los más decisivos e importantes para nuestro ser.

No obstante, siempre se puede recuperar el tiempo perdido y transformar para bien todo lo que hayamos hecho mal: es como retroceder y empezar de cero.

Por supuesto, cuanto mayores sean, más ejemplos incorrectos habrán adquirido de tu forma de comunicarte con ellos y eso conllevará mayor esfuerzo, motivación y seguridad.

Sin embargo, los niños se adaptan muy bien a los cambios positivos y son agradecidos, amorosos y empáticos con sus padres. Al fin y al cabo, ¿a quién no le gusta que lo traten bien?

También están las familias que tienen hijos tan pequeñitos que han cometido con ellos pocos o no demasiados errores: esto es perfecto, ya que, si aprenden a comunicarse con coherencia y comprensión desde el inicio, evitarán muchos problemas futuros.

Antes de meternos de lleno en materia, es importante que entiendas en qué consiste el tipo de comunicación que vas a aprender aquí.

Características de la comunicación positiva y empática:

- **Una comunicación de tú a tú.** Muchas personas piensan que deben hablar con los hijos como si fueran seres inferiores, pero no porque de entrada piensen que lo son, sino simplemente porque tienen muy integrado que son pequeños y, por lo tanto, sus razones o motivos no se tienen que tomar en serio.

- Cualquier conversación con nuestros hijos debe ser efectuada con **diálogo, comprensión y reflexión.** Hay que tenerlos siempre en cuenta para su propio crecimiento personal y también para la evolución del conjunto familiar al completo.

- **Establecer conexión.** Comunicándonos de manera positiva y empática, lograremos que nuestros hijos se sientan valorados, respetados, comprendidos y liberados al cien por cien de cargas emocionales.

- **Sin juicios.** No se juzgará a los hijos. Que no estemos de acuerdo en algo no significa que los debamos enjuiciar. Hay un abismo entre comprender y juzgar, incluso cuando no opinemos lo mismo.

- **Comunicación con corazón.** Normalmente, en la vida diaria con los hijos, los padres piensan más con la cabeza que con el corazón —según los pensamientos y mitos de la sociedad, creencias infundadas, estrés personal, etcétera— y no se dejan llevar por el corazón ni por el instinto, que son realmente los que mandan a la hora de guiar a los hijos.

- **Tú eres tú y tus hijos son tus hijos.** Con este tipo de comunicación, sabrás distinguir entre lo que tú sientes y lo que sienten ellos y no te dejarás llevar por las emociones que te causen diferentes situaciones tensas, sino que reaccionarás con sentido común y con la cabeza.
- **No hay buenos ni malos.** Una comunicación en la que cada palabra cuenta y en donde no culpabilizamos a los hijos ni les ponemos etiquetas.

¿Difícil? La verdad es que al principio puede parecerlo. Es como cuando no has conducido nunca y haces tus primeras prácticas con el coche. A medida que asistes a clases, vas sabiendo un poquito más y adquiriendo más control. Después, cuando te sacas el carnet de conducir, te quedas solo ante el peligro y, por tanto, vas atento a todo, a las señales, a los carriles... Al cabo de un tiempo, todo sale de manera automática y vas cometiendo menos errores, casi ninguno y, cuando tienes algún error, reflexionas sobre él y prometes fijarte más cuando cojas de nuevo el coche.

Comunicarse con los hijos de manera auténtica, correcta, amable y coherente es lo mismo. Cuando comienzas es como empezar de cero: debes desaprender todos los mitos arcaicos que llevas anclados y prescindir de lo que piensen los demás. Cuando ya puedas hacerlo sin tanta ayuda, tendrás que ir fijándote en cada palabra, en cada gesto, y comprobar que lo estás haciendo de manera óptima; y cuando ya hayas practicado mucho y todos los días sean positivos, si en algún momento cometes errores, no importará, porque sabrás reflexionar sobre ellos, anticiparte la próxima vez y trabajar con empeño para evitarlos.

Como dice Peggy O'Mara, escritora y divulgadora educativa, «la forma en la que hablamos a nuestros hijos se convierte en su voz interior».

TIPOS DE PADRES

Como ya vimos, la era industrial y el conductismo trajeron consigo una sociedad absolutamente autoritaria y, además, patriarcal —la persona a la que había que seguir sin rechistar ni dar opinión era siempre un hombre—, una sociedad en la cual, cuanto más seguías y te conectabas con la figura de autoridad, más valor tenías como persona. Esto que es tan negativo para la sociedad salpicó de lleno a las familias y a los centros en los que se trataba con niños, donde se empezaron a crear «pequeños cuarteles» o «minifábricas», en vez de familias o escuelas. Desde entonces llevamos a remolque un montón de ideas equivocadas en relación al trato con los hijos. Estas ideas se han ido fusionando unas con otras, variando y modificándose en el tiempo, pero nunca han cambiado para mejor ni han desaparecido, sino que han prolongado el espíritu de seguir a la máxima autoridad, teniendo como objetivo principal modificar la conducta de los niños, hasta el día de hoy.

En estas ideas se tienen en cuenta infinitas reglas y

teorías, pero tratar a los hijos con coherencia, respeto, amor y lógica brilla por su ausencia. Nos instan a ignorarlos cuando necesiten de nosotros, a darles premios si hacen lo que queremos —como si fueran perritos a los que se da una galleta cuando consiguen traer la pelota o no hacerse pipí en casa—, a castigarlos sin lo que más les gusta si no cumplen unos estándares que ni siquiera sabemos de dónde provienen, a disciplinarlos como si se tratase de crear un cuerpo de élite en vez de guiar a los hijos correctamente por el camino de la vida... Por ello, hay muchos tipos de padres que tienen ideas muy diversas de cómo hacerlo de manera óptima, pero con ninguna acaban de encontrarse a gusto y conectados con sus hijos, porque algo que te separe y te aleje cada vez más de ellos difícilmente te hará sentir feliz y afortunado.

Voy a describirte diferentes tipos de padres, en función de los cientos de familias con las que trabajo y a las que ayudo a mejorar, y el estudio estadístico que he hecho sobre ellas, para hacerte reflexionar sobre con cuál de todos estos tipos te identificas:

1. **Padres dictadores.** Este tipo de padres no apoyan nunca a sus hijos y jamás se muestran como padres colaboradores y conscientes. Son personas que ejercen un control absoluto sobre sus hijos, hasta el punto de resultar asfixiantes. Los castigos están a la orden del día y la opinión de sus hijos no les importa en ninguna situación. La comunicación que tienen con los niños es agresiva y violenta, llena de gritos e imprecaciones. Por supuesto, no comprenden a sus hijos ni sus motivos ni se esfuerzan por com-

prenderlos. Es muy normal que los hijos de este tipo de personas sean unos estudiantes ejemplares, fruto del temor a la consecuencia en el hogar si no lo fueran. Sin embargo, estos niños están llenos de inseguridades, inestabilidades emocionales, miedos, ansiedades y complejos. Estos padres dirían: «Si no te comes todo el plato, no podrás jugar a la consola, y no vengas después con lloriqueos y tonterías».

2. **Padres sobreprotectores.** Estas personas traen muchos miedos de su infancia. Sus padres no les aportaron el afecto y la atención que necesitaban, igual que los del tipo anterior, pero ellos son extremadamente agobiantes con sus hijos. Los niños no pueden dar ni un paso sin el absoluto control de sus padres, que no los dejan respirar ni conocer el mundo que les rodea, por intentar evitarles sufrimientos o frustraciones. Su voz tampoco se escucha, ya que sus padres, por el mismo miedo, nunca harán cosas que se salgan de lo que ellos creen mejor para sus hijos. El apoyo que les ofrecen es sofocante y los perjudica, en vez de beneficiarlos. Los niños se desarrollan con miedos, dificultades sociales y problemas para saber realmente lo que está mal y lo que está bien. Estos padres dirían: «No, no puedes masticar así de rápido la comida, porque puedes atragantarte. Ten cuidado, te lo estoy diciendo, ¿por qué no me haces caso?».

3. **Padres ausentes.** Como está hoy en día la sociedad, los padres pasan muchas horas fuera de casa, sin estar en contacto con sus hijos ni empaparse de sus necesidades y sus vivencias. Muchas personas me

dicen que no pueden hacer nada: la vida aprieta y hay que comer. Estoy de acuerdo, pero eso no quita que te esfuerces en forjar una relación con tus hijos basada en la conexión y el afecto y que el poco tiempo que tengamos con los hijos sea revelador, en lugar de hacer precisamente todo lo contrario, como suele pasar con este tipo de padres. Los niños tienen a sus progenitores vivos, pero se sienten huérfanos: siempre están con otras personas y se creen poco importantes para sus padres. No hay confianza entre ellos, el apoyo brilla por su ausencia y también el control; son impasibles antes las necesidades de sus hijos, que manifiestan muy poca autoestima y mucha falta de amor. Estos padres dirían: «Cómetelo todo, ¿eh?, que luego llamaré a la abuela para que me diga cuánto has comido y espero no tener que enfadarme contigo».

4. **Padres permisivos.** Los padres de este tipo tienen tantas dificultades emocionales que dependen únicamente de su estado anímico. Por tanto, el trato con sus hijos depende de cómo se hayan levantado ese día. Si les apetece permitirles algo a sus hijos, aunque en otro momento no lo harían, lo hacen; si no les apetece, se enfadan ante hechos sin importancia. Si han pasado un buen día en el trabajo, su actitud al llegar a casa es más distendida; si han pasado un mal día en el trabajo, pagan sus frustraciones con los niños. Son tan dependientes de sus propias emociones que están llenos de incoherencias y de inestabilidad. Los hijos no tienen ni voz ni voto y acaban siendo igual que sus padres y generando

la misma incongruencia emocional. Estos padres dirían: «Cómete lo que quieras. Total, igualmente haces lo que te da la gana».

Si tienes que definir a tu familia, seguramente te darás cuenta de que pululas entre varias de las características de los diferentes tipos: algunas personas creen que son dictadoras, porque son muy controladoras, pero a su vez son permisivas, porque, si están más tranquilas, les dan un poco igual las causas por las que tanto se esfuerzan en otros momentos. Otras creen que son sobreprotectoras y que sus mismos miedos hacen que se separen de sus hijos y los acaban controlando al máximo, como los dictadores. Están las que piensan que son ausentes porque nunca están y, cuando están, no tienen nada de paciencia con sus hijos, etcétera.

Padres reales: el tipo de padres que debemos ser

Según la Constitución de la OMS (Organización Mundial de la Salud), «la salud es un estado de total bienestar físico, mental y social, y no solo la ausencia de afecciones o enfermedades».

Es curioso que las familias intenten seguir casi todas las recomendaciones de la OMS a pie juntillas, sin pararse a pensar que la salud también engloba el bienestar mental y emocional.

Por todo esto, como padres debemos velar también por este estado de salud y no preocuparnos solo por el plano físico o el social.

Nos esforzaremos, por tanto, en ser padres reales, con las siguientes características:

- **Son respetuosos.** Nunca faltan al respeto a sus hijos, no se creen superiores a ellos por ser sus padres ni utilizan maneras de comunicación con los niños que puedan causarles un daño físico o moral. Son sus guías y no su autoridad.

- **Apoyan siempre.** En las buenas y en las malas, siempre son el hombro sobre el que sus hijos se apoyan. Unas veces el hombro les servirá para llorar y otras para celebrar, para calmar su ira, para reír, etcétera, pero siempre estará disponible para sus hijos.

- **Escuchan y dialogan.** Estos padres no dan sermones ni lecciones; son personas que saben escuchar a sus hijos y dialogan con ellos de manera sana, sin adoctrinarlos.

- **No ejercen control.** Cuidan a sus hijos con sentido común y se preocupan por su bienestar y por su seguridad, sin controlarlos. Simplemente, están a la retaguardia, acompañándolos y ayudándolos.

- **Ofrecen protección.** Si sus hijos sienten miedos e inseguridades, los protegen sin agobiar y saben aportarles lo que necesitan en su justa medida. Una persona consigue superar sus temores cuando se siente reconfortada y no criticada.

- **Empatizan.** Se ponen en el lugar de sus hijos, entienden sus porqués y comprenden sus motivos, aunque no siempre los compartan.

- **Dan libertad.** Dejar que los hijos exploren y respiren es necesario para su crecimiento personal. Esta libertad no debe ser confundida con el libertinaje: una libertad desenfrenada y confusa. Estos padres no disciplinan, sino que orientan y acompañan.

- **Cooperan.** Participan en las necesidades de sus hijos y no buscan enfrentamientos, sino colaboración.
- **Son coherentes.** Predican con el ejemplo; no se les ocurre pedirles algo que como adultos no son capaces de llevar a cabo y viceversa.
- **Toman en serio a sus hijos.** Todo lo suyo es importante y tienen en cuenta sus intereses y sus motivaciones.
- **Sin juicios ni etiquetas.** No se dedican a señalar con el dedo a sus hijos, ya que entienden que son seres emocionales, con días mejores y días peores, pero no por ello deben ser sentenciados.
- **Los defienden.** No se preocupan por lo que piensen los demás. Se sienten seguros si en algún caso tienen que defender a sus hijos, con todo el respeto del mundo, de agresiones morales o físicas por parte de personas externas al hogar (y, en algunos casos, internas).
- **Cometen errores.** Son auténticos y, como tales, saben ver y reflexionar sobre sus errores, aprenden de ellos y los utilizan para mejorar.
- **Les importan las opiniones de sus hijos.** La voz de los niños es escuchada y valorada; aunque no siempre se puedan llevar a cabo sus ideas, siempre se tienen en cuenta.
- **Dan amor incondicional.** Quieren a sus hijos por encima de todo y así se lo demuestran, porque este

amor no solo se siente, sino que se demuestra con acciones, gestos y palabras.

Si como padres reuniéramos estas propiedades, tendríamos la receta ideal para educar a nuestros hijos sin castigos ni gritos, sin amenazas ni conflictos constantes que desestabilizan nuestro entorno y nuestra vida familiar.

Bien es cierto que cada persona —y también cada hijo y cada familia— es un mundo y que la perfección no existe. No obstante, sí que podemos adaptar cada ingrediente de nuestra receta a las necesidades y características específicas de cada uno. Nunca seremos perfectos, pero sí los perfectos padres para nuestros niños, respetuosos, coherentes y siempre dispuestos a aprender, a mejorar y a ajustarnos a su personalidad. Si hay algo que todos tenemos en común, es la necesidad de ser respetados, y nadie aprende a respetar si no es respetado.

Por tanto, estos padres preguntarían a sus hijos lo que les apetece comer, los motivarían a preparar el plato conjuntamente, a servirse la cantidad que ellos quisieran, con posibilidad de repetir o de dejar comida en el plato, si se sintieran llenos, y les dirían: «¿Está bueno?».

Los hijos de los padres reales son niños emocionalmente sanos; su autoestima es muy buena, así como la seguridad que sienten al contar con el apoyo incondicional de las personas a las que más quieren; su motivación ante la vida es máxima y desean explorar el mundo para descubrir y dejarse descubrir; tienen bajones emocionales, como todo el mundo, pero poseen herramientas suficientes para salir victoriosos de ellos y, lo más importante, son felices pese a las adversidades.

La vida es tan corta que de eso se trata, ¿no?, de vivir y de ser feliz sin hacerse daño ni a uno mismo ni a los demás.

LO QUE NUNCA DEBE HACER UN PADRE O UN EDUCADOR

Siempre que creas que tus hijos se portan mal o que no actúan como te gustaría que lo hiciesen, plantéate qué tipo de persona eres cuando estás con ellos.

Debemos imaginar que nuestros hijos llevan a diario un espejo de cuerpo entero adherido a su piel, que capta todo lo que nosotros, como padres, hacemos, vemos y decimos y lo proyecta después en su interior. Por tanto, cuando te preguntes «¿Qué le pasa a mi hijo?» o «¿Por qué se comporta así?», cuestiónate mejor: «¿En qué me he equivocado?», «¿Qué necesita emocionalmente, que se me está escapando?».

Para reflexionar al respecto, te voy a comentar una serie de hábitos y maneras de hacer que, aunque están muy arraigados en las familias, en los profesionales que se relacionan con niños y con chavales y en la sociedad en general, son incorrectos, anticuados y perjudiciales para su salud y la nuestra.

Estos procedimientos están basados totalmente en el castigo emocional y/o físico que se cree que merecen los niños cuando no cumplen con los objetivos que a los adultos les gustaría que cumpliesen.

Si estás leyendo este libro es porque castigar, gritar y manipular a tus hijos te deja un mal sabor de boca. En tu fuero interno, sabes que no quieres hacerlo, que ni tú ni ellos os sentís cómodos ni en sintonía con estas formas; además, eres consciente de que esto es pan para hoy y hambre para mañana, que no enseña nada positivo ni ofrece soluciones reales ni de calidad.

Los castigos

Se suele creer, erróneamente, que castigar a los hijos es, por ejemplo, prohibirles ver la tele, jugar con la videoconsola o la tableta, ir al sitio al que tantas ganas tienen de ir o no comprarles lo que desean. Lo cierto es que el castigo va mucho más allá y abarca gran parte de la comunicación basada en exigencias, agresiva y cruel, en el día a día con los hijos y los alumnos.

Hay dos grandes grupos de castigos: los físicos y los psicológicos. Normalmente se utilizan porque se ignora la existencia de otras maneras de educar, porque se trata de padres demasiado estresados, nerviosos y con poca paciencia o porque se desconocen las características y las consecuencias que generan los castigos. Si las conociéramos más a fondo, muchas familias y muchos profesionales se lo pensarían dos veces antes de castigar y trabajarían concienzudamente para encontrar otros sistemas que no fueran negativos para los niños.

Por eso mismo, aquí te detallo las particularidades principales que tienen en común los dos tipos de castigo:

- **Son formas de violencia.** Este modo de relacionarse con los hijos es una manera más de utilizar la violencia. Luego nos extrañamos cuando vemos alarmantes cifras de violencia en las escuelas, en los estadios de fútbol, en las carreteras, en la calle, etcétera, y es que, por mucho que queramos negarlo, la violencia empieza en casa. Utilizando los castigos, lo único que se enseña a los hijos es a ser violentos, a intentar conseguir las cosas por la fuerza y a incorporar la violencia como algo normal para relacionarse, tanto dentro como fuera de casa.

- **Ejercen presión y generan miedo.** La única motivación que tienen los niños que reciben castigos es, simplemente, el miedo a perder lo que desean. Aprenden a moverse por la vida con un interés no real, sin una motivación intrínseca, y hacen las cosas únicamente por temor a quedarse sin lo que tanto les gusta —la tele, el parque, los juegos, el móvil, su comida favorita, un deporte— o a las reacciones de sus padres y nunca por un verdadero conocimiento de lo que es positivo o negativo para su vida, y esto es un gran impedimento para su presente y para su futuro. El miedo es una emoción muy valiosa, creada para sobrevivir. Cuando se siente miedo, se activa una parte del cerebro que nos avisa de que estamos en peligro, para poder ponernos a salvo. Por tanto, los padres y los profesionales que utilizan los castigos, lo que hacen es activar constantemente la sensación de miedo en sus hijos y en sus alumnos, lo que les provoca ansiedad, malestar y nervios, además de sensaciones físicas, como palpitaciones y sudor, porque el miedo está para algo y no precisamente para que nuestros hijos lo sientan cada día y en su hogar. Después nos sorprendemos cuando nuestros hijos, en la adolescencia o en la vida adulta, no son conscientes del peligro real de algunas cosas, como drogas, alcohol, sitios o actividades que ponen en riesgo su vida, etcétera. Y es que el hecho de que te eduquen generándote presión y miedo constante ocasiona, entre sus muchas consecuencias, que tengas inseguridad o miedo de casi todo o que no tengas miedo de casi nada y, por tanto, el equilibrio es inexistente, ya que durante tu infancia tu cerebro abusó de esta emoción constantemente y ha perdido sus verdaderas funciones y cualidades.

- **Fomentan la sumisión.** Por supuesto, utilizando los castigos seguimos promoviendo una educación autoritaria en la que nuestros hijos tienen que pasar, sí o sí, por el aro que nos convenga, sin capacidad de decisión, diálogo ni preferencias. También provocamos que los hijos necesiten la aprobación de los demás para hacer las cosas y que siempre tomen decisiones pensando en el qué dirán, en vez de decidir por lo que ellos mismos quieren y prefieren.

- **Son un recurso fácil para los adultos.** El ritmo de vida que llevan la mayoría de los adultos es agobiante y frenético. Se puede decir que no tienen tiempo para nada y que cuando llegan a casa solo piensan en acabar rápidamente con las responsabilidades que creen que son importantes para los niños y descansar un rato en el sofá, sin prisas ni presión. Por eso los padres suelen tirar por el camino fácil: pegan dos gritos y los hijos hacen lo que se les exige o amenazan con quitarles algo que les gusta y sus hijos corren a cumplir con lo que se les pide. Sin embargo, lo fácil no es lo mejor ni lo adecuado para la salud mental y emocional de ambos. Además, llega un día en el cual no todo es tan sencillo: los hijos empiezan a rebelarse de algún modo ante esta coacción diaria y entonces los padres se frustran y empiezan a buscar otras opciones, que, si se mantienen en una línea autoritaria, tampoco van a funcionar, sino que solo seguirán fomentando la desconexión y las consecuencias negativas.

- **Alimentan la desconfianza y las mentiras.** Es imposible que los hijos desarrollen confianza en sus padres o en sus profesores cuando se los castiga todo el tiempo. Precisamente la persona en quien más deberían confiar es la que más daño les hace, así que cada vez confían menos, hasta que, sencillamente, desconfían. Por otro lado, llega un momento en el cual los niños utilizan la mentira para zafarse de la persecución constante de sus padres: empiezan a decir que han hecho los deberes cuando no es así, que han aprobado aquel examen tan difícil o que se han comido todo el bocadillo del almuerzo cuando no es verdad, etcétera, y así tratan de evitar las reprimendas.

- **Humillan.** Imagina que vas a buscar a tu hija al colegio y ves que en el patio un profesor la ofende y la desprecia por haber suspendido el examen, o que llevas a tu hijo al parque y una madre lo denigra por subirse en el tobogán antes que su hija. ¿Qué harías en estas situaciones? ¿Te sentirías bien o no permitirías que tratasen así a tus hijos? Cualquier padre que presencie estas situaciones tomaría medidas y pararía estos desprecios. Pues bien, castigar a los hijos es como si tú mismo les hicieras este tipo de cosas todos los días y a todas horas. Los castigos los ofenden, los menosprecian y los degradan. Son un atentado directo a la autoestima de los niños.

- **Generan rabia interior y tristeza.** Que te traten con violencia física o verbal provoca en ti muchísimos sentimientos y sensaciones —destaca la increíble tristeza y la sensación de soledad, junto con la rabia interior que va creciendo día tras día—, y deteriora cada vez más los vínculos entre padres e hijos.

En el mundo en general y en el educativo en particular se habla del castigo como herramienta o técnica y, a mi entender, algo que solo trae consecuencias negativas y fatales para los niños no lo es en absoluto.

Es lamentable que, en los tiempos que vivimos y con la evolución que ha experimentado la humanidad, se siga enseñando el castigo como una opción educativa y natural en universidades, cursos superiores e incluso en escuelas. Puede que tu voz interior te esté diciendo «Qué exagerada, algo bueno tendrá si todavía existe». Pues no, francamente no. Es como el tabaco: aunque solo genera consecuencias negativas para la salud, se vende, se consume y está integrado en la sociedad como algo «normal».

Una verdadera herramienta educativa respeta a los niños y sus derechos como seres humanos, no manipula ni deshonra, los hace brillar y les ayuda para que aprendan a valorar cada instante de su vida y no todo lo contrario.

Los padres debemos hacernos cargo de la integridad de nuestros hijos en todos los sentidos y esto no se consigue castigando. Es importante que, como padres o tutores, empleemos todas nuestras ganas y nuestra motivación para dejar de castigar y para cambiar por completo nuestra vida y la de nuestros niños.

Diferencias entre el castigo físico y el psicológico

Ya has visto todo lo que tienen en común estas dos formas incorrectas de tratar a los hijos. No obstante, existen algunas diferencias que vale la pena destacar:

- **El castigo físico.** Tiene como objeto causar un dolor corporal y tangible a la persona que lo recibe. El adulto que lo lleva a cabo es del todo consciente de que quiere provocar daño y sabe que así lo conseguirá. A veces, los adultos que lo infligen no son tan conscientes y simplemente quieren calmar la impotencia y el enfado que les provoca una situación concreta con sus hijos.

  El castigo físico es inconcebible en todas sus versiones, además de ilegal. Es curioso que algunos padres no sean totalmente conscientes de esto, hasta que ven con claridad que, si ese mismo acto se lo hicieran a un adulto, acabarían en los tribunales.

  Es increíble la rapidez con la que decimos que jamás pegaríamos a nuestra madre —lo justificamos diciendo que es nuestra madre—, pero nos cuesta responder tajantemente a esto cuando hablamos de nuestros hijos. Ellos son lo más preciado que tenemos y nos necesitan para crecer y avanzar, para crear su personalidad y para disfrutar de la vida siendo ellos mismos.

No te equivoques al pensar «¡Uf! ¡Menos mal que yo solo les doy cachetes en el culo de vez en cuando!», porque este tipo de conductas también es un castigo físico. Todo acto que se lleve a cabo con el afán de provocar dolor o que constituya un abuso de poder, por insignificante que te parezca (cachetes, bofetadas, pellizcos, tirones de pelo, vestir de malas maneras, empujar, estirar del brazo, lanzar objetos, morder, zarandear, etcétera), es violencia y no enseña nada: solo genera más violencia, tristeza, rabia, estrés e infelicidad.

Las consecuencias de este tipo de castigo son negativas y de por vida. Un estudio reciente liderado por la epidemióloga Tracie Afifi de Canadá concluye que «las personas que han sido castigadas físicamente tienen muchísimas más probabilidades de tener problemas de salud mental». Dicha investigación indica que estos castigos no tienen que ser muy abusivos, como palizas, sino que se puede tratar de cualquier acto mínimo que se realice con el objetivo de causar dolor y/o corregir al niño.

Tu meta debe ser, pues, dejar de cometer con tus hijos estos errores y trabajar conscientemente para conseguirlo.

- **El castigo psicológico.** Muchas personas creen que, si no pegan a sus hijos, están actuando de manera correcta, como si el abuso verbal y el moral no tuvieran consecuencias devastadoras para la salud mental de los hijos.

Castigar psicológicamente a los niños no les causa un dolor físico en el momento en el que está ocurriendo, pero sí un dolor emocional que queda impregnado en su personalidad para siempre. No obstante, este daño emocional puede acabar convirtiéndose en una dolencia física en el futuro (migrañas, vómitos y dolores de estómago, hipertensión, depresión y ansiedad, desaparición de neuronas debido al exceso de estrés y, por tanto, menor coeficiente intelectual, obesidad, etcétera).

Como ves, pequeñas diferencias y mucho en común.

Por eso vamos a centrarnos en el abuso psicológico, teniendo en cuenta que tampoco debemos utilizar nunca el castigo físico y que son líneas infranqueables.

Formas de castigo psicológico y sus consecuencias

El castigo psíquico es una realidad muy común en los hogares y a veces la manipulación de padres a hijos es tan sutil y está tan normalizada que ni siquiera los padres son conscientes de que están maltratando ni los hijos de que están siendo maltratados.

Voy a citarte algunos de los castigos psicológicos más habituales, sus particularidades y sus consecuencias, para que valores si los llevas a cabo y medites y aprendas sobre ello:

- **Ignorar y dejar de hablar.** Muchos padres y educadores ignoran a los niños o dejan de hablarles cuando estos no hacen lo que los adultos quieren o no se comportan como creen que deberían haberse comportado en una situación determinada. También suelen hacerlo cuando el niño está expresando determinadas emociones y no atienden sus sentimientos, sino que, simplemente, los ignoran.

Creo que sentirse ignorado es una de las peores sensaciones que se pueden experimentar. Cuando alguien te ignora, es como si te despreciara, como si no tuvieras importancia y lo que te preocupa o lo que expresas fuera insignificante.

Te propongo un ejercicio empático para que puedas darte cuenta del impacto real de esta manera de relacionarse con los hijos.

Imagina que en el trabajo por fin has presentado ese proyecto tan importante a tu equipo directivo. Llevas meses preparándolo y piensas que, esta vez, te van a ascender. A pesar de tus esfuerzos, no les parece bastante bueno, pero el de tu compañero sí. Llegas a casa desesperanzada, aturdida y con ganas de echarte a llorar. Encuentras a tu pareja haciendo la cena y explotas, lloras, le dices cómo te sientes y que necesitas un abrazo. Sin embargo, él te mira, te dice que no es para tanto y sigue tarareando una canción y cocinando como si no pasara nada. ¿Cómo te sentirías?

Imagina que tu hijo, por fin, ha presentado ese trabajo en PowerPoint que llevaba semanas preparando. Hoy no le ha ido demasiado bien en el colegio y a los profesores les ha parecido mucho mejor el del compañero, que lo presentaba el mismo día.

Llega a casa triste, abatido y con ganas de llorar. Tú preparas la merienda y le dices que no pasa nada, que si el otro era mejor pues a aguantarse, y sigues con lo tuyo como si tal cosa. ¿Qué crees que sentiría?

Ignorar a los hijos no les aporta ningún tipo de apoyo ni los anima a la reflexión; solo sirve para apartar a los padres de sus hijos, y a estos les provoca, entre otras cosas, dificultad para conocer y expresar sus emociones, poca autoestima, pena, problemas para relacionarse y empatizar con los demás, etcétera.

La famosa «silla de pensar», tan utilizada en las aulas y en muchos hogares —consiste en que el adulto envía al niño a una silla para que reflexione sobre lo que, supuestamente, ha hecho mal—, es una forma más de ignorar. Para lo único que sirve es para que el adulto aleje de su vista al niño y, de este modo, el adulto, sintiéndose poderoso, calme su ansiedad y se crea vencedor, pero, lógicamente, el niño no reflexiona, porque, para empezar, en las edades en las que se aplica, el pequeño no tiene la capacidad de hacerlo —aunque tuviera 10 años, tampoco sería correcto—, ni educa y no es respetuoso ni coherente. Las dificultades se dialogan, las frustraciones se acompañan y se escuchan, los momentos difíciles se superan conjuntamente y aportando herramientas para crecer como personas. Utilizar este tipo de métodos es contraproducente para los niños a todos los niveles.

- **Gritar.** Los gritos forman parte de la vida de muchas

familias; por desgracia, de más de las que nos gustaría. Los adultos gritan, casi se podría decir que orgullosos, a sus hijos, tanto dentro como fuera del hogar, sin percatarse de que los están maltratando y rompiéndoles la autoestima en mil pedazos. Para que esto suceda, no hace falta que los gritos vayan acompañados de insultos o descalificaciones; basta con tratar a los hijos con un tono de voz alto constantemente.

Los padres y los profesores gritan, porque se llenan de ira e impotencia cuando los niños no hacen lo que ellos quieren en el momento que quieren. La realidad es que no saben manejar la situación de otra manera y estallan, creyendo que así mejorarán una circunstancia que creen difícil, pero no se dan cuenta de que siempre la empeoran.

Según un estudio realizado por el profesor de Educación y Psicología Ming-Te-Wang en las universidades de Pittsburgh y Michigan, gritar a los hijos es tan perjudicial como pegarles y, además, no mejora el comportamiento de los niños, sino que encima lo empeora.

Los gritos causan, entre otras cosas, falta de autoestima, fobias, inseguridades y miedos, ira descontrolada, desmotivación, culpa, dolencias físicas, problemas de concentración, mal ejemplo —si les gritas, ellos aprenderán a comunicarse con gritos—, bajo rendimiento académico, etcétera.

Lee las respuestas que estas dos personas han aportado a las preguntas que les hice: «Alguien que te quiere, ¿debería gritarte?» y «Si lo hiciera, ¿serías feliz?». Piensa sinceramente tu opinión al respecto:

Me llamo Lucas y tengo 5 años. Creo que las personas que te quieren sí tienen que chillarte. Mis padres me chillan por todo: si quieren que me vista, me chillan; cuando tengo que poner la mesa o irme a la cama, cuando juego con mi hermana pequeña y hasta cuando tardo más en hacer caca... Ponen cara de enfado y gritan muy fuerte; a veces me cogen del brazo o me dan pellizcos cuando me gritan, y también me dicen «tonto, malo» y, a veces, «inútil». A mí no me hace feliz, nada feliz, pero son mis papás, yo los quiero y también me porto mal.

Soy Susana, tengo 32 años y fui maltratada psicológicamente cada día, durante tres años, por mi expareja. Al principio no le daba importancia —¿quién no ha chillado alguna vez?—, pero la verdad es que era un calvario que se convirtió en mi mayor pesadilla. Él no me solía pegar, salvo un par de veces que me agarró fuerte del brazo para retenerme. Me gritaba a todas horas y su tono de voz era siempre alto, tajante, soberbio y agresivo. El gesto daba miedo y todavía me da miedo. Me gritaba para que hiciera la cena, si veía algo sucio, si me sentaba a ver la tele... Veinticuatro horas así. También me insultaba: «guarra, perra e inútil» eran sus insultos preferidos. Tardé en darme cuenta de que eso no era normal. A veces creía que él tenía razón. Cuando fui consciente de su maltrato, sentí que prefería morirme a seguir viviendo eso. Quien te quiere no te grita; te cuida, tengas un buen o mal día. Me está costando levantarme y salir adelante después de aquel suplicio, pero lo conseguiré.

Como ves, estas dos personas tienen realidades distintas, pero, a la vez, muy iguales. Con la mujer adulta se empatiza, se le brinda apoyo y se la ayuda a salir de ahí, tanto las personas de su entorno como gente externa o profesional, pero, extrañamente, con el niño no: a nivel social, parece que este tipo de tratos de padres a hijos estén vistos como algo normal y natural.

¿Por qué no despertamos de una vez? Gritar a los hijos solo hará que se desestabilicen como personas, que no tengan autoestima, que no se conozcan a sí mismos, que no aprendan maneras sanas y respetuosas de relacionarse y que carguen un peso insoportable en su vida adulta y siempre, hasta el punto de que, si su pareja les grita, lo considerarán normal y tardarán en darse cuenta de que quien te quiere no te debe hacer daño.

Los gritos nos esclavizan y nos convierten en una humanidad llena de rencor, sumisión, infelicidad y desamor, todo lo contrario a lo que necesitamos.

- **Chantaje emocional y amenazas.** «Como no te comas la comida, no jugarás al fútbol nunca más», «Si suspendes, olvídate del móvil durante toda tu vida», «Si no te duermes ya, te echo de casa», «Deja de pegar a tu hermano o te mato», «Como me vuelvan a decir en el colegio que hablas en clase, te dejaré de querer», etcétera.

Cuando trabajo con familias, este tipo de maltrato emocional, al inicio del proceso, es muy común en algunas personas que comentan con una sonrisa los chantajes que llevan a cabo con sus hijos. Consideran que la amenaza es tan poco creíble que no entienden que los niños lleguen a sufrir por eso.

Y ahí está lo verdaderamente relevante: no darse cuenta de que los chantajes y las amenazas condenan a tus hijos a una vida llena de miedos, inseguridades y sufrimiento. En el mundo hostil de las amenazas, los miedos y los chantajes, los hijos, además, te acaban considerando un mentiroso, alguien de quien desconfiar y que simplemente los ha estado manipulando para conseguir sus objetivos. El niño crece pensando que eso es lo correcto y así se comunica con los demás —manipula, chantajea, miente, amenaza, etcétera—; o, por el contrario, se convierte en un ser totalmente sumiso y con poco amor propio, de adulto se acostumbra a que su pareja lo amenace con dejar de quererlo si no hace lo que quiere, acaba repitiendo las formas incorrectas con sus hijos y se siente con el poder de manipularlos a su antojo, pero solo a ellos, como si tuvieran la culpa de su gran vacío interior.

- **Insultos y ridiculizaciones.** No debes hacer con tus hijos nada que no tolerarías por parte de otro adulto hacia ti y que no esté aceptado en la sociedad adulta.

El primer paso es siempre darse cuenta de que se cometen estos actos y aceptar que son incorrectos. Debido a su infancia y otras experiencias de su vida, muchas personas viven atrapadas en pensamientos como «A los niños hay que educarlos con mano dura», sin darse cuenta de que la mano dura no sirve más que para sufrir.

Insultar a un hijo es de una crueldad tremenda, como una puñalada que cala directamente en su personalidad y en su vida. Con cualquier insulto que utilices como medio comunicativo con tus hijos (no solo los insultos rudos, agresivos y fuertes, sino también otros como «tonto» o «estúpido»), estás marchitando su carácter y deshojando poco a poco su autoestima, como si fuera una margarita.

Si un vecino insulta a otro, este lo puede denunciar, del mismo modo que, si dos personas que han tenido un pequeño accidente con su coche se insultan mientras hacen el parte, se pueden denunciar mutuamente. Los insultos, para empezar, son ilegales y además constituyen un ataque directo a tu persona como ser libre y poseedor de derechos.

Cuando se integran los insultos en la relación con los hijos, ellos acaban creyéndose que sus características son realmente estas, se deprimen y se les quitan las ganas de perseguir sus propios intereses. No se sienten valorados ni apoyados y, además, se ven solos antes las diferentes situaciones que se les presentan.

Como todas las formas de castigo, el ejemplo que procesan con los insultos es que esa manera de comunicarse es correcta, usual y lícita y por tanto no aprenden que nadie tiene derecho a faltar a ninguna persona.

- **Juicios.** A los niños se los señala con el dedo, por cualquier motivo y en cualquier situación. Puede que en alguna de estas circunstancias ni siquiera hayan hecho nada incorrecto (la mayoría de las veces solo hacen cosas de niños con las que los adultos pierden la paciencia debido al mundo adultocentrista en el que vivimos), pero el juicio hacia ellos siempre va un paso por delante, sin darles la oportunidad de explicarse, de defenderse o, simplemente, de tener el beneficio de la duda. Si han hecho algo que los adultos consideran incorrecto, no hace falta enjuiciar: con dialogar, ayudarlos a reflexionar y analizar juntos cada situación, sin señalar con el dedo, es suficiente.

Por ejemplo, unos padres que ven agua tirada en el suelo del baño se llevan las manos a la cabeza y culpabilizan al niño diciendo cosas como «Este crío es un desastre; siempre lo deja todo fatal» y luego se dirigen al pequeño diciéndole lo mismo, en tono peyorativo.

Las personas que son sometidas a juicios constantes acaban por no saber lo que está bien y lo que está mal, teniendo también problemas para relacionarse, ya que lo hacen de manera cohibida y con temor a ser juzgados.

• **Ironías y sarcasmos.** Hay muchos adultos a los que les gusta utilizar la ironía en su manera de relacionarse. Cada uno se puede relacionar como quiera y como se sienta cómodo, siempre y cuando no hiera a las personas con las que se comunica.

Con los niños no podemos utilizar el sarcasmo ni el retintín: primero, porque no lo entienden —ellos no tienen el razonamiento de un adulto— y, segundo, porque es una forma más de mofarse y de manipular a los hijos que están a merced del adulto y de destrozar, una vez más, su autoestima. Hay familias que han reconocido haber dicho cosas como «Tú sigue sin hacer los deberes, ¡sigue!, que a este paso te van a dar un premio», «Tarda más en vestirte, hija, que estás tardando poquito y tengo todo el tiempo del mundo», «Grita más alto, que no te hemos escuchado». Este tipo de expresiones las entiendes tú, pero desconciertan a los niños: notan el tono irrespetuoso, pero no acaban de asimilar su significado. No enseñas nada positivo ni das un buen ejemplo.

- **Malos gestos y miradas soberbias.** A veces, una mirada o un gesto valen más que mil palabras. Hay padres que tienen tal dominio sobre sus hijos que se han acostumbrado a relacionarse con ellos a través de gestos tajantes y miradas fulminantes. Solo con eso, los niños son capaces de dejar de hacer lo que estén haciendo o de realizar aquello que les exigen en medio segundo. Gestos como que les cortan la cabeza, les tapan la boca, les van a dar un puñetazo, les van a quitar la tele, van a tirar el móvil por la ventana, etcétera, están a la orden del día, así como las miradas de enfado o de decepción, que quitan el aliento a quien las recibe.

Todo esto funciona a partir del miedo y lo único que hace es separarte de tus hijos, que no tardan en pensar que tienen el enemigo en casa.

¿Cómo te sentirías si tu hermana te dijera que su pareja le hace constantemente el gesto de darle una bofetada? ¿Le dirías que no pasa nada y que es normal, porque a veces a las mujeres tienen que ponernos límites? Su estado te asustaría y seguramente buscarías ayuda para protegerla y para que saliera cuanto antes de esa situación. Entonces ¿por qué permitimos estas formas con nuestros propios hijos?

- **Culpabilizar.** Esta forma de maltrato psicológico a los hijos suele ser muy sutil y pasar desapercibida, hasta para los que lo realizan, pero es igual de perjudicial que todo lo anterior. Echar a los hijos la culpa hasta del cambio climático no sirve para nada. Bueno, sí: para que crezcan como víctimas y creyéndose culpables.

  «¿Lo ves? Hemos llegado tarde porque has ido muy despacio», «Tus amigos no te aguantan porque apenas te comunicas», «No te han sacado en el partido porque siempre te meten goles y perdéis», etcétera. Se los somete a juicio y se los sentencia. Moraleja: tengo siempre la culpa de todo y mi vida es un suplicio.

Educar así, con una comunicación muy alejada de la que los hijos necesitan, provoca que pierdan la espontaneidad, la felicidad de la infancia, la voluntad y el buen humor, y ya hemos visto que eso les genera, entre otras cosas, tristeza, rabia interior, odio, frustración, poca autoestima, desconfianza, ira, necesidad de aprobación, etcétera.

Utilizar el castigo físico y psicológico con los hijos no solo tiene consecuencias negativas en su vida que les costará mucho solventar, sino que, además, supone un presente y un futuro nefastos para el mundo entero.

También genera una serie de consecuencias para quien los aplica, por supuesto, entre ellas la precaria relación con sus hijos y la desconfianza familiar, la culpabilidad que sienten cuando se acuestan cada noche sintiendo que todo lo hacen mal y que continuamente están cometiendo errores, junto con la ansiedad, el estrés y la infelicidad que esto produce.

Algo que también es castigar, aunque te hayan hecho creer lo contrario

No quiero perder la oportunidad de hablarte de dos grandes infiltrados: los premios y las consecuencias. En los últimos años, en muchos métodos y pedagogías se habla de ellos como si fueran correctos, cuando la realidad es que son lobos con piel de cordero, ya que premiar funciona igual que el castigo, y poner consecuencias también.

- **Premios.** Bajo mi punto de vista, los premios son los primos hermanos de los castigos, y es que, aunque tengan un carácter aparentemente inocuo, siguen educando a partir de la autoridad y el miedo. Los niños no actúan por motivaciones ni intereses reales, sino por miedo a quedarse sin premio. Estas recompensas fomentan la desconfianza, rompen el vínculo entre padres e hijos y propician las mentiras. Frases tales como «Si recoges todos los juguetes, iremos al parque» y «Si apruebas todas, te compramos el móvil» solo generan angustia, estrés y temor. Nada tiene que ver el parque con recoger los juguetes ni un teléfono móvil con los estudios. No hay que mezclar temas ni promover contradicciones. ¿Verdad que tú no le dices a tu pareja: «Venga, haz la cena y te doy un beso» o «Si haces la cama, te compro la falda que tanto te gusta»? No, no lo haces, porque es una falta de respeto y porque hay que aprender a convivir respetando y siendo respetado, sin más.

- **Consecuencias impuestas.** Todo acto tiene sus consecuencias, pero son consecuencias lógicas, naturales o que vienen dadas por decisiones tomadas. Estas consecuencias no pueden ser forzadas por los adultos, porque entonces nunca sabrán ver lo que está bien y lo que está mal ni tampoco tomar decisiones. Si le dices a tu hijo «Como tardes en hacer los deberes, no podrás ver la televisión porque no tendrás tiempo», es un castigo; disfrazado, pero es un castigo. Primero, porque no podemos meterle esa presión, después de estar todo el día fuera de casa, yendo al colegio, a extraescolares, con prisas y obligaciones, y cuando llega a casa... los deberes. Que a cualquier adulto lo pongan a trabajar después de diez horas fuera y encima en su propia casa... A ver quién es el primero que acepta. Y segundo, porque, si la televisión está todavía en el salón y no se ha ido la luz, puede verla sin problemas, aunque tengamos que acoplarnos al horario que surja teniendo en cuenta unos límites respetuosos.

Para que nuestros hijos aprendan de sus propias decisiones, solo habrá una consecuencia real si los dejamos tomarlas; por ejemplo, si tu hijo decide no ir al cumpleaños de Iris porque dice que ya no le cae bien, y luego el sábado se muere de ganas de ir y ya no es posible porque comunicasteis vuestra no asistencia: así aprenderá una consecuencia de su propia decisión, porque nadie le ha impuesto nada con autoridad ni con mando. Ha sido un aprendizaje que la vida y sus decisiones le han aportado, sin necesidad de sentirse coaccionado. Tomar decisiones es la única manera de aprender las consecuencias reales de lo decidido.

Es importante tener claro que entre los castigos físicos y los psíquicos podríamos incluir estos dos conceptos, que tampoco ayudan a relacionarse correcta y positivamente con los hijos. Aunque parezcan nobles, no lo son en absoluto, ya que nos alejan de nuestro objetivo y no aportan nada positivo.

HERRAMIENTAS POSITIVAS DE COMUNICACIÓN PARA EDUCAR SIN CASTIGAR NI GRITAR

Una vez di un taller práctico para aprender a educar sin castigar en un colegio. Yo estaba entusiasmada: más de cien familias ávidas de aprender.

Después de hablarles y de trabajar sobre lo que NO se debe hacer, me dijeron: «Pero, Tania, nos has dejado sin herramientas. Si todo esto es erróneo, ¿qué hacemos ahora?». Supongo que es lo mismo que te está pasando a ti. Lees, vas tomando notas de todo lo que has reflexionado que a veces haces y es incorrecto, pero estás deseando saber cómo hacerlo para mejorar a partir de ahora.

¡Eso es genial! Significa que realmente has sabido valorar lo que no haces bien. Con el ego y la cabezonería que a veces arrastramos los adultos es todo un triunfo, ya que hay personas que se quedan ancladas, continúan sin ver el maltrato en sus comportamientos y prefieren seguir entregando su vida y la de sus hijos al diablo.

Para cambiar, hay que practicar día tras día y aprender a dejar atrás el conductismo al que la sociedad nos ha acostumbrado, teniendo claro que cometeremos errores —todos somos humanos y los seres humanos nos equivocamos—, pero sabiendo utilizarlos para avanzar y para enriquecernos siempre un poco más y para tratar de no repetir los mismos fallos.

Ahora voy a nombrarte algunas herramientas que te ayudarán a educar en positivo y a comunicarte con tus hijos de manera coherente, igualitaria, con respeto y sentido común, sin hacerles daño moral ni físico y, por tanto, sin causarles carencias emocionales que arrastren de por vida.

Con estas pautas, sumarás siempre en la relación con tus hijos y nunca restarás. Además, podrás adaptarlas a tu comunicación con los demás (pareja, familia, amigos, trabajo, etcétera), así que estos aprendizajes suponen un reajuste en todos los sentidos de tu vida:

- **Respeto mutuo.** La clave de todo es respetarse. Primero, el respeto de padres a hijos, porque así aprenderán ellos a respetar a sus padres, a sí mismos y a los demás. Segundo, respetarlos siempre, teniendo en cuenta que tienen derecho a equivocarse, a fallar, a tener sus propias ideas y a llevar la contraria a los padres. Hay que respetarlos, al margen de cuáles sean sus emociones y sus intereses: respetarlos siempre. Solo así serán las personas que realmente quieran ser. Si tu hija de 6 años se enfada, grita y se enfurruña porque no habéis ido a comer a la hamburguesería que ella quería, entiéndela, dialoga pausadamente, ofrécele tu comprensión y escucha, pero no la ofendas ni utilices ninguna de las maneras erróneas anteriores, porque eso no es bueno para ninguna de las dos.

- **Empatía, el poder de ver a través de sus ojos.** Así como los seres humanos no podemos vivir sin agua, tampoco deberíamos poder vivir sin empatizar.

La empatía es la capacidad de ponerse en el lugar del otro, ser capaz de entender sus emociones, sus sentimientos y sus ideas y comprender por qué actúa o se comporta de determinada manera.

Con esta capacidad, vemos que no todo el mundo siente como nosotros ni ve las cosas del mismo modo y que no a todos se les desarrolla la vida como a nosotros. Comprendemos cómo es su situación y nuestro corazón pertenece, por un instante, a aquel con quien empatizamos.

Mediante la empatía, somos capaces de entender lo que siente la madre que ha perdido a su hijo en la guerra —y acompañamos su llanto—; cerramos el grifo pronto, porque hay personas —algunas de las cuales son niños— que no disponen de agua como quisieran; no nos importa preparar la cena sin ayuda, porque entendemos que nuestra pareja ha pasado un día complicado y prefiere disfrutar de los niños, y un largo etcétera.

Sin embargo, aunque resulte increíble e injusto, se nos olvida utilizar esta capacidad con nuestros hijos y, de hecho, son ellos con quienes con más razón deberíamos tener el «piloto empático» siempre activado.

Te pongo un par de ejemplos: tu hijo de 15 años te pregunta si puede ir a la discoteca el sábado porque todos sus amigos van a ir, y tú, después de meditarlo con él y de valorar los pros y los contras, tomas una decisión pensando únicamente en su seguridad y en su bienestar, sin dejarte llevar solo por tus emociones adultas, porque piensas que el entorno es peligroso y no conoces a los chavales con los que quiere ir y, por lo tanto, no te parece adecuado que vaya. Se lo comunicas y él se enfada, grita, se ofende y se va a su habitación disgustado. Tú debes empatizar con lo que siente. Si lo haces, entiendes que, para un adolescente que tiene ganas de ir a ese sitio tan importante y, encima, al que van sus amigos, no ir resulta frustrante y un fastidio. En cuanto empatizas, sabes llevar la situación de otra manera y te comunicas con tu hijo como realmente lo necesita, como sus emociones necesitan, porque entras dentro de su cabeza y, aunque no compartas sus motivos, los entiendes. En cuanto al acompañamiento de la reacción del niño, lo aprenderás más adelante, si bien ya te adelanto que, cuando empatizas, todo se gestiona de otro modo, porque rebajas casi a cero el nivel de estrés que te genera la situación y, sin estrés, la comunicación es positiva y proactiva.

Otro ejemplo: tu hija de 4 años no quiere ducharse porque está jugando tranquilamente con plastilina después de pasar todo el día en el colegio. Mirando a través de sus ojos, entenderás su postura al cien por cien, ya que cuando alguien por fin está haciendo algo que le gusta y lo relaja (sobre todo si lleva todo el día estresado fuera de casa), necesita un tiempo para sí, distendido y de disfrute. No puede desconectar de esa emoción de manera abrupta y fría, sino que tiene que ser un proceso en el cual, además, sea comprendido y valorado. ¿Significa esto que tu hija no se bañe, cuando hace tres días que no lo hace y ya lo necesita, por higiene y por salud? Pues no: si consideras que es necesario, tendrá que bañarse, pero el hecho de entender su postura te ayudará a llevar el momento de forma muy distinta a los castigos físicos y psicológicos.

- **Coherencia, somos su ejemplo.** La verdad es que, siendo empáticos y coherentes, reduciríamos los conflictos en los hogares en un 90 por ciento, ya que evitaríamos muchos; quedarían solo aquellos inevitables y naturales. Por eso estas dos herramientas son mis preferidas, junto al propio respeto, porque son absolutamente mágicas.

Es increíble que los padres tratemos de ser coherentes en todo lo que hacemos en los diferentes ámbitos de nuestra vida —la pareja, las amistades, el trabajo, la familia, etcétera—, pero que se nos olvide mantener la coherencia con nuestros hijos en muchísimas ocasiones y, lo que es peor, les exijamos a ellos que la tengan. Si lo meditas, resulta un poco contradictorio. ¿O podríamos llamarlo incoherente?

No queremos que peguen y por eso nos enfadamos mucho si, por ejemplo, nos llaman del colegio para comentar que nuestro hijo ha pegado a algún compañero o también si en casa ha habido una discusión entre hermanos. Nos olvidamos de que uno de nuestros recursos es utilizar la violencia contra ellos para dejar clara nuestra autoridad o para castigarlos por algo mal hecho. Les damos un cachete o una torta y luego nos extraña que ellos peguen para demostrar su enfado. Para que no peguen, ¡no peguemos!

No toleramos los gritos, pero, hoy en día, la mayoría de las familias piden a sus hijos que no les griten dándoles un grito. Más o menos así: «¡Te he dicho que no me grites, Alejandro!». (Todo esto con un grito desmesurado.) Para que nuestros hijos no griten, dejemos de gritarles.

Si queremos que nuestros hijos sean coherentes y mantengan actitudes correctas y lógicas con nosotros y consigo mismos, debemos predicar con el ejemplo y ser coherentes con lo que les pedimos, para fomentar en ellos estas actitudes y no confundirlos y causar una herida en su desarrollo emocional.

- **Sin etiquetas.** Si etiquetamos a los hijos, estamos fomentando su falta de autoestima, su desconfianza de nosotros y de los demás y la poca esperanza con respecto a sí mismos. Además, solo demuestra inmadurez y falta de recursos por nuestra parte. Por ejemplo, diciéndoles cosas como «llorón, comilón, mimoso, tragona, pesado, caprichosa, malo», solo generamos ansiedad e inseguridad.

Hay padres que desechan este tipo de etiquetas, pero utilizan otras aparentemente positivas, que son igual de negativas, como «bueno, listo, obediente». Si se los educa con amor, con respeto y con atención, irán viendo cuáles son sus puntos fuertes y sus puntos débiles, lo que les gusta más y lo que les gusta menos, a partir de su verdadero yo y no de uno impuesto. El niño al que llaman «malo» crecerá creyéndose malo y la niña a la que llaman «obediente» crecerá sin salirse nunca de la raya, cuando es tan necesario salirse de vez en cuando.

No etiquetes en tu manera de comunicarte con tus hijos y te lo agradecerán toda la vida.

• **Sin comparaciones.** Como decía don Quijote, «las comparaciones son siempre odiosas».

Una de las maravillas de los seres humanos es, precisamente, que somos únicos. Jamás puede haber una persona igual que tú, bajo ninguna condición ni circunstancia. Aunque creas que tus hijos son parecidos entre sí, no son la misma persona y por eso tienen necesidades e intereses diferentes. Hay que desterrar las comparaciones de las relaciones humanas. Están tan integradas en la sociedad que se suele comparar a hijos con hijos, a suegras con suegras, a parejas con parejas, a amigos con amigos, etcétera. Cuando comparamos, hacemos sentir a la otra persona desconfianza, tristeza, incomprensión, amargura, etcétera.

«Tu prima sí que es responsable: lo aprueba todo», «Tu hermano sabe vestirse solito y tú no», «La vecina recoge sus juguetes, no como tú, que siempre estás igual y no recoges nada».

Tampoco debes comparar a tus hijos ni siquiera con ellos mismos, diciendo cosas como «Cuando eras pequeño te lo comías todo, y ahora, nada de nada. Me gustabas más antes».

Las comparaciones alimentan la rivalidad con su propio yo. Fomentan la rabia y la competitividad, incluso en el que recibe la mejor parte, y eso no es lo que quieres para tus hijos. ¿Me equivoco?

- **Felicitaciones y elogios.** La sociedad está tan en contra de los niños que incluso piensa que felicitarlos o elogiarlos es negativo. Si tu amigo te dice lo bien que se te da hacer pasteles o a tu suegra le dices que su lasaña es la mejor que has probado nunca, nadie te mirará raro ni nadie pensará que esas personas se van a acostumbrar a tus buenas palabras. En cambio, si te ven diciéndole a tu hija lo genial que le ha salido el castillo de Lego o a tu hijo lo contento que estás por lo bien que le ha quedado el dibujo que tantas ganas tenía de hacer, seguro que te recomiendan no hacerlo.

¿Quiere decir esto que tengas que elogiarlo por todo y en todas las situaciones? Lógicamente, no les diremos lo bien que lo han hecho si han pegado a su amigo. Estas palabras positivas y de ánimo se reservan para cuando corresponda y dependen de la necesidad y la situación. Además, hay que decirlas sin miedo, ya que no tienen nada de malo, sino solo beneficios.

Hay que acostumbrarse a dedicarles palabras de apoyo, en lugar de sentencias constantes.

Todas las palabras buenas y motivadoras que les digamos a nuestros hijos son pequeños talismanes de autoestima que llevan colgados en el cuello y que podrán utilizar a su favor para cuando las situaciones en su vida no sean tan positivas.

- **Escucha activa.** Para comunicarnos activamente, debemos escuchar también de manera activa. Muchas familias no prestan atención cuando sus hijos hablan: sus cosas siempre pueden esperar o son menos importantes.

—Mamá en el cole hoy...
—Espera, Javi, que me está escribiendo un WhatsApp tu tía...

—Papi, en el entrenamiento de fútbol he...
—Sofía, calla, ¿no ves que estoy escribiendo un email?

Como si siempre hubiese algo más importante que prestar atención a los hijos...

Debemos aprender a escucharlos bien atentos, mirándolos a los ojos, poniéndonos a su altura, tranquilos y disfrutando del momento, por estresados que estemos. Cuando hayamos escuchado sus explicaciones, sus motivos y sus intereses con paciencia y serenidad, entonces nos comunicamos con ellos. Verás que no hay color entre escuchar activamente o hacerlo por encima.

- **Diálogo respetuoso.** Esto es, utilizando todas las herramientas citadas, con confianza y sinceridad. Que lo que les digamos se corresponda siempre con lo que hacemos, ya que, si no, los confundimos y nuestro diálogo no tiene fundamento. Comunicándonos de este modo, inculcamos formas de hablar, valores, ideas y creencias sobre el mundo. Por eso la forma en la que te diriges a tus hijos es fundamental. Habla como te gusta que te hablen los demás.

- **Protección y besos.** Para que los hijos desarrollen su personalidad de manera correcta, necesitan un vínculo afectivo correcto con sus padres. Este vínculo se desarrolla, entre otras cosas, con la comunicación positiva, así como también con presencia, cuidado, cariño y apego.

Los hijos tienen que sentirse protegidos y atendidos en todas las situaciones. No debemos tener miedo de darles demasiado, mientras lo hagamos con libertad y sin atosigar, porque mucho amor, mucho cariño y mucha atención nunca hacen daño a nadie, nunca son demasiado. Al contrario, teniendo todo esto, realmente están preparados para los desafíos que la vida les presente.

Por otro lado, el contacto humano también forma parte de la manera en la que nos comunicamos con los hijos y, además, es necesario para el buen desarrollo de su cerebro y para integrar emociones y sentimientos como algo necesario y natural. Hay que besarlos todo lo que podamos y más y acariciarlos, siempre con profundo respeto y amor, lejos de exigencias y amenazas. Y, por supuesto, hay que descartar la idea de hacerlo solo cuando son bebés, ya que lo necesitan durante toda su infancia, su adolescencia y siempre que quieran y les apetezca.

- **Pedir perdón.** Algo que preocupa mucho a los padres y en lo que, además, suelen insistir mucho es en que sus hijos pidan perdón. Si han dicho algo incorrecto, si se han enfadado con algún amigo, si se ríen de algo que ofende a otro, etcétera, siempre están los padres al acecho para obligar a los hijos a pedir perdón por ese hecho erróneo.

  Suelo preguntarles a esos padres cuántas veces piden perdón a sus hijos por algo que ellos no han hecho correctamente. La verdad es que se quedan paralizados e incluso muchos dicen que nunca les han pedido perdón.

  Disculparnos es importante. Siempre nos gusta y nos reconforta que alguien que considera que se ha equivocado nos pida perdón. Por eso es fundamental inculcar ese valor a nuestros hijos. Entonces, *¿por qué* los padres nunca o pocas veces piden perdón a sus hijos?

  En la comunicación que estamos aprendiendo no insistimos en que los hijos pidan perdón cada vez que se equivoquen, sino que lo que hacemos es ser ejemplo y pedírselo más veces a ellos. Recuerda que eres su modelo en todas las situaciones. Solo así aprenderán la importancia del perdón.

Algo relevante que destacar del perdón es no utilizarlo como una constante justificación adulta. Es decir, no hay que dedicarse a cometer errores continuamente para luego pedirles perdón, ya que entonces lo único que estamos haciendo es sanar la conciencia y no educar.

Hay que aprender de los errores para cometer cada vez menos y, de este modo, pedir perdón menos veces.

PASO A PASO PARA LOGRAR COMUNICARNOS CORRECTAMENTE Y POSITIVAMENTE

He querido hacerte un pequeño resumen del camino que debes seguir para comunicarte con tus hijos como ellos y tú necesitáis, haciéndolo, por tanto, sin castigos, sin gritos, sin faltas de respeto, con coherencia y sentido común.

Imagina cualquier situación en la que hayas acabado castigando (gritando, perdiendo los papeles, enjuiciando, amenazando, etcétera) y replantéatela según estos principios:

1. **Piensa antes de hablar y empatiza.** Respira profundamente y pasa por tu pensamiento todo lo que dirías de manera impulsiva y de lo que, pasadas unas horas, te arrepentirías. Reflexiona sobre lo que está pasando, controla la ira que te surja y tus intereses

adultos y sé consciente de que quienes tienes delante no son tus enemigos, sino tus hijos.

Este momento de reflexión tiene que servirte para empatizar con tus hijos. Justo entonces tienes que activar el «piloto empático», mirar con sus ojos y darte cuenta de que no es más que un niño o un adolescente y que, además, es tu hijo y tiene sus motivos, aunque no los compartas o te disgusten.

Este ejercicio te ayudará a desactivar todas tus emociones desproporcionadas y a abrir tu mente a las necesidades de tus hijos. Por ejemplo, si tu hijo llora porque no se quiere ir del parque, cuando antes le habrías contado hasta tres para que bajara del tobogán o, si no, se quedaba sin pizza para cenar, ahora paras el tiempo, piensas, reflexionas y dices: «Pero si es solo un niño que lleva todo el día en el cole y necesita jugar...».

2. **Escucha activamente.** Cuando ya has dado el primer paso, estás preparado para escuchar, pero no se trata de una escucha cualquiera, sino de una escucha activa y respetuosa, en la que tus emociones conectan con las de tus hijos, igual que las necesidades.

En el caso del parque, cuando has reflexionado, ves con sus ojos, entiendes su postura y te acercas a él para preguntarle: «Cariño, ¿por qué no quieres irte del parque?», y aunque ya lo sepas, escuchas su versión atentamente.

3. **Ten un buen gesto y un correcto tono de voz.** Es fundamental no gritar, que tu tono de voz no sea fuerte ni bajo, sino que simplemente sea tu tono de

voz, acompañado de un buen semblante. Si estás intentando mejorar la comunicación con tus hijos, pero tu voz y tu cara demuestran lo contrario, no podrás avanzar.

En nuestro ejemplo del parque, recuerda que, después de reflexionar, empatizar y escuchar, estarás manteniendo un tono tranquilo y una cara acorde con lo que haces.

4. **Un diálogo coherente y respetuoso.** Tu discurso debe tener la misma armonía que han tenido los demás pasos. Sin etiquetas, sin juicios, sin comparaciones, sin exigencias, con coherencia, con respeto y con sentido común.

En el caso que nos ocupa, cuando ya te dispones a hablar, tu estrés habrá bajado casi por completo, por mucha prisa que tengas por irte. Le dices las cosas más o menos así: «Te entiendo: te apetece mucho jugar en el parque, pero es que, ¿ves?, ya se ha hecho de noche y tenemos que ir a casa a bañarnos y a dormir». Recuerda que tu empatía y tu gesto acompañen tus palabras.

5. **Contacto físico.** Es esencial estar incondicionalmente para nuestros hijos y demostrárselo no solo con palabras, sino también con hechos.

En ese momento, podrías ofrecerle un abrazo, un beso o una caricia. Puede que quiera este contacto o puede que no, pero por tu parte no te quedes sin brindárselo.

6. **Pedir perdón.** Es importante tenerlo presente si nos equivocamos.

Si en el parque has acabado perdiendo los nervios y las prisas te han consumido, pide perdón, reconoce tus errores y aprende de ellos. Abraza, protege y reflexiona.

Debes saber que tienes que empezar poco a poco, es decir, eligiendo la herramienta prioritaria en vuestra vida. Por ejemplo, si te cuesta ser coherente, empieza por poner en práctica la coherencia en cada una de las situaciones con tus hijos y, progresivamente, ve añadiendo el resto de las pautas.

Recuerda: Tus hijos te necesitan. Necesitan tu escucha, tu apoyo, tu comprensión, tu risa, tu abrazo, tu cariño, tus besos, tu diálogo, tu compañía, tu mirada, tu palmada en la espalda... ¡Te necesitan a ti!

3

RAMAS

Incorpora a tu hogar unos límites adecuados

> Los sentimientos de valor solo pueden florecer en un ambiente en el cual se aprecien las diferencias individuales, se toleren los errores, la comunicación sea abierta y las reglas, flexibles: el tipo de atmósfera que se encuentra en una familia que nutre.
>
> VIRGINIA SATIR

Esta parte del árbol es apasionante. Después de superar una serie de patrones y mitos, ahora tienes claro algo que destaca por encima de todo: no quieres seguir dañando a tus hijos por nada del mundo y vas a esforzarte al máximo para no cometer errores y para comunicarte —ahora sí— de manera correcta y positiva.

Normalmente, cuando sientes esto afloran también las inseguridades, ya que los padres empiezan a encontrarse entre dos mundos: por un lado, no quieren volver a ser como antes con sus hijos —son cada vez más respetuosos, empáticos y coherentes—, pero, por el otro, no desean que sus hijos se vuelvan unos seres indomables y sin limitaciones y acaben siendo, por lo tanto, los jefes de su hogar, en vez de constituir una familia equilibrada en la que existen unos límites y una convivencia óptima.

Este es un miedo muy común y normal. Estamos tan acostumbrados a un mundo en el cual los niños tienen que seguir unas normas estrictas, agachar la cabeza y ser los últimos de la fila que nos cuesta abrir los ojos a un mundo en el cual se los tome en serio y donde su voz importe tanto como la de cualquier adulto.

Aprender a poner unos límites correctos no es tarea fácil: es un trabajo continuo. No obstante, tenerlos nos dará la clave para afianzar una buena comunicación con nuestros hijos, así como una relación basada en el respeto y la empatía, en la cual nosotros, como adultos, vayamos creciendo con ellos, practicando, transformándonos y mejorando día tras día, sin dar instrucciones ni órdenes, siendo transparentes y lícitos, y en la cual nuestros hijos tengan buena autoestima, sean responsables y capaces y desarrollen una independencia segura y sana, con una base sólida de amor incondicional.

FUNCIONES DE LA FAMILIA

Cada familia tiene su propia atmósfera, porque cada una está integrada por personas independientes que conviven juntas, pero los progenitores y los adultos principales tienen un pasado, con los padres y la educación que estos les inculcaron.

Aunque los seres humanos seguimos estando muy estancados en algunos aspectos, en otros hemos ido evolucionando y por eso el concepto de familia se ha ido adaptando a los nuevos tipos de familias y a sus necesidades. Estas son algunas de las diferentes formas de familia:

- Madre - Padre.
- Madre - Madre.
- Padre - Padre.
- Madre.
- Padre.

Por supuesto, están incluidas las familias de acogida, las adoptivas y cualquier otra variación, además de otras combinaciones que pueden darse por distintos acontecimientos (el fallecimiento de alguno de los progenitores, abandono, etcétera).

Como ves, la familia depende de muchos factores, pero lo verdaderamente importante para nuestros hijos es que, siempre, con independencia del tipo de familia que tengamos, esta cumpla las funciones que le corresponden:

- **Considerar importantes a todos los miembros de la familia.** Unos no son más importantes que otros. Dentro de la familia se vive un ambiente igualitario y se tiene en cuenta a todos sus integrantes. En ningún caso uno será más que otro ni se establecerán roles de autoridad de modo que quien mande y quien grite sea el importante y el resto deba ceder sin rechistar. En una familia, todos cuentan.
- **Fomentar un clima cálido y de afecto.** El ambiente que haya en la familia es decisivo para la relación que tengamos con los hijos e incluso para su bienestar

emocional y físico. Ellos son sumamente sensibles al ambiente y, por su propia naturaleza, necesitan vivir en un sitio armónico y suave. Nosotros necesitamos lo mismo, pero, por la manera en la que nos educaron y con el estrés y el ritmo de la vida adulta, casi se nos ha olvidado. Los padres deben trabajar y apostar por tener un buen clima y fomentarlo día a día.

Muchos de los conflictos en la vida cotidiana con los hijos se podrían evitar solo con tomarse la vida con templanza y positividad y promoviendo un clima afectivo.

- **Aportar amor incondicional.** Los hijos tienen que sentirse queridos y atendidos dentro de su hogar. Recordemos que este tipo de amor crea personas bondadosas, empáticas, sociables, libres, seguras y con buena autoestima. El de los niños a sus padres ya es incondicional y, si no lo es, quiere decir que no lo han sentido de sus padres hacia ellos. Por lo tanto, para que sea incondicional, tiene que ser así con ellos.

- **Respetarse y ser respetado.** No podemos pedir respeto a nuestros hijos cuando se lo faltamos a ellos constantemente. Los niños acaban perdiendo el respeto a sus padres, sobre todo porque nunca han sido respetados. El respeto no debe confundirse nunca con miedo; es decir, cuando esperamos obediencia ciega y respeto sin que sea recíproco (de nosotros a ellos), no estamos fomentando el respeto, sino el miedo. No hay que faltar al respeto a los hijos, para que ellos aprendan a no faltárselo a sus padres, a sí mismos ni a los demás.

- **Comprender los motivos de todos.** Todos los motivos, reflexiones e intereses importan. Lo que no puede ser es que las opiniones de los padres siempre sean dignas de escucha y comprensión, pero las de los hijos no. Por ejemplo, estáis en el coche comentando a qué restaurante ir a comer. Tú quieres italiano, y tu pareja, comida mediterránea. Los dos hijos, que van en sus sillas en la parte trasera, dicen cada uno dónde les gustaría comer, pero los padres no los escuchan y, si lo hacen, se limitan a contestar: «Chitón. Decidimos los mayores». ¿Y por qué? ¿Por qué tienen que decidir los mayores si van cuatro personas a comer, sea la que sea la edad que tengan?

Una familia debe aportar entendimiento y tolerancia a todos sus miembros.

- **Ser transparente y honesta.** En la familia no hay mentiras, falsedad ni segundas intenciones. Una familia es clara y verdadera con sus componentes. Todos se tratan con bondad y la promueven.

- **Velar por la seguridad de todos.** Una seguridad coherente, sin oprimir ni desatender; una familia que trabaja por la seguridad de todos. Por ejemplo, cuando un bebé comienza a caminar, la familia debe preparar toda la casa para que esté totalmente seguro en su hogar y a su vez pueda explorar con libertad. De esta manera, ofrecemos una seguridad coherente, porque no lo asfixiamos ni lo abandonamos a su suerte.

- **Aceptar a cada uno como es.** Todos los miembros merecen aceptación. Si a uno le gusta la música clásica y al otro el reguetón, no importa: ambos conviven en el mismo lugar, se respetan y se aceptan. En la diversidad está la belleza.

- **Cultivar la comunicación positiva.** Una familia tiene que comunicarse constantemente y esta comunicación debe ser rica y de calidad, así como inclusiva con los hijos. En el hogar debe haber espacio comunicativo para todos. Con este tipo de conexión, crecerán como personas, y no solo los hijos, sino toda la familia.

- **Cuidar física, emocional y socialmente a sus miembros.** Como padres, debemos preocuparnos de la integridad de los hijos en todas sus vertientes y no solo de que todos los componentes de la familia estén cuidados físicamente de manera óptima (comida, higiene, hidratación, ropa, etcétera), sino que es importante que el apoyo emocional y social esté cubierto y actualizado y que se adapte a las necesidades y al desarrollo de cada uno de los miembros.

En una familia suman todos y, por tanto, todos son protagonistas de cada una de sus historias particulares y de su historia en conjunto. Por eso, cumpliendo estas funciones, los hijos aprenderán a vivir y a convivir de manera auténtica, respetuosa y especial, algo que les dará alas para siempre, pero no unas alas cualesquiera, sino las alas que llevan consigo el respeto, el apoyo y el amor incondicional de los que para ellos son su ejemplo y su guía: sus padres.

Siempre que utilizo la palabra «acompañar» en referencia a los hijos, las familias guardan silencio, ya que no acaban de entender a qué me refiero.

Estamos tan acostumbrados a que hay que marcar a los hijos, exigirles y delimitarlos que el hecho de pensar en acompañarlos, como quien acompaña a su madre al dentista o a su amigo a comprar al mercado, nos suena raro.

Como indica el diccionario, «acompañar» es ir con una persona, estar junto a ella, y eso es, precisamente, lo que yo creo que, como padres y educadores, debemos hacer con nuestros hijos: acompañarlos por la vida, estar atentos por si nos necesitan, aportarles todas las herramientas que consideremos apropiadas y que estén en nuestras manos, guiarlos con respeto, consideración, amor, paciencia y tolerancia y permitirles ser ellos mismos en un ambiente sólido y comprometido con la causa.

Si tu hija de 15 años llora porque su amiga se ha desapuntado de baloncesto y ella la va echar de menos, tú estarás ahí para apoyarla, sin juicios, con acompañamiento y buen hacer, y si tu hijo de 4 años le teme a la oscuridad de la noche desde que vio a un monstruo en una peli de dibujos, ahí estarás tú para acompañar este sentimiento, sin exigencias ni reproches, porque de eso se trata: de acompañar en los buenos y en los malos momentos.

Por eso la palabra «límites» a veces induce a confusión, cuando intentas cambiar el chip de una educación o una crianza autoritaria a una educación coherente y tolerante. Sin embargo, esto no es más que otra mochila más, heredada de la sociedad patriarcal y autoritaria de la que venimos, en la que diversos autores nos han hecho creer que a los hijos hay que limitarlos y ponerles baches desde su nacimiento, porque, si no, se pueden rebelar y manipular a sus padres vilmente.

Esta visión anticuada y obsoleta de la maternidad o la paternidad no hace más que separar a padres e hijos, en vez de unirlos, y fomenta una relación basada en la distancia emocional, los gritos, los marcajes, el miedo y la sumisión, en vez de favorecer una relación fundamentada en el respeto y en el desarrollo a todos los niveles.

Una mamá me dijo una vez: «Pero, Tania, no quiero que mis hijos se conviertan en unos Mowgli». Sí, sí, se refería al chico de *El libro de la selva*. La pobre ya se imaginaba a sus hijos como salvajes, medio desnudos, que comían con las manos a los 7 y los 10 años y andaban utilizando los nudillos... Aquel día nos echamos unas buenas risas y reflexionamos juntas después sobre el tema, y así la ayudé a quitarse esa venda de los ojos haciéndole saber que educar acompañando y respetando a los hijos no significa que no tengan límites, ya que, como personas, los necesitan, ahora y siempre, para vivir la vida plenamente y para ser responsables con ellos mismos y con los demás.

Los límites son imprescindibles y naturales. De hecho, en la vida estamos rodeados de límites, ya que forman parte de ella: cuando queremos ir a la playa a tostarnos al sol y resulta que el día se levanta lluvioso, estamos limitados y debemos cambiar de plan; cuando nos apetece comer en el italiano tan rico de nuestro barrio y al llegar ya no queda ni una mesa libre, estamos limitados y debemos irnos a comer a otro lado; cuando nos apetece abrazar a un ser querido que vive a cientos de kilómetros, estamos limitados y debemos pensar en llamarlo como alternativa, etcétera.

La vida en sí es un límite, porque no todo es como queremos, cuando queremos, ni nos pasan siempre las cosas que queremos cuando las queremos. Y es que, para empezar, por norma general, ni siquiera morimos cuando lo decidimos.

Por tanto, para educar respetando las necesidades reales de nuestros hijos, debemos desechar toda idea de límites autoritarios e impuestos que supongan un muro entre nuestros hijos y nosotros, y dar paso a la idea de unos límites coherentes, puramente indispensables y respetuosos, que velen por la seguridad de nuestros hijos y les aporten la línea correcta entre su espacio y el nuestro, entre donde es fiable y correcto estar o hacer y donde no.

Entender las etapas de desarrollo de los hijos para poner buenos límites

A la hora de establecer límites en nuestro hogar, es muy importante tener en cuenta la edad de los hijos, porque no es lo mismo hablar de límites con un niño de 16 años que con una niña de 7. Su razonamiento es distinto, su lógica es distinta y sus intereses son diferentes. El desarrollo emocional y afectivo se produce durante los ocho primeros años de vida del ser humano —en la mayoría de los casos, lo que no significa que esta sea una estadística cerrada, ya que siempre depende de cada persona— y, por tanto, durante estos años no podemos exigir a los niños un entendimiento y un razonamiento adultos, porque ellos están en el mundo emocional no racional y eso sería pedirles algo imposible. ¿Le pedirías a un guepardo que sobreviviese a base de sandía o sabrías que eso es inadecuado y, por lo tanto, ni lo plantearías porque sería inviable y perjudicial para él?

Las edades son orientativas, dependen del desarrollo del niño. Recuerda que etiquetar no es adecuado. Durante la fase en la que todavía son bebés (0-2 años, aproximadamente), no podemos ni pensar en la palabra «límite», ya que son personas en plena expansión de neuronas, de crecimiento, de evolución; son personas pequeñas que todavía piensan que son un apéndice de su madre, que necesitan únicamente que se preocupen de su integridad y su seguridad física, que les den acompañamiento, bienestar, muchos abrazos (y brazos) y amor. Por tanto, a estas edades se trata de ocuparnos de aportarles todo esto, de estar con ellos todo el tiempo posible y de preparar la casa en función de sus necesidades, en lugar de pretender que ellos se adapten a la casa y al ritmo de la vida adulta.

Una vez, un padre me comentó que su bebé de 1 año siempre tocaba el armario donde guardaban los productos de limpieza; en consecuencia, los adultos perdían los nervios en más de una ocasión y siempre estaban diciéndole «no». Esto es del todo inapropiado e incongruente con un bebé, ya que la única medida correcta era, precisamente, cambiar los productos de limpieza a un lugar al que su hijo no llegara.

De los 2 a los 6 años, más o menos, empiezan a moverse de manera independiente por el mundo, a conocerlo y a investigarlo con gran avidez. Lo más significativo para ellos es el juego, que es lo único que los motiva, los apasiona y necesitan para desarrollarse. Por eso la mejor manera de integrar conceptos y de aprenderlos es mediante el ejemplo, el juego y la libertad. No podemos exigirle a un niño de 5 años que haga cosas que cobran importancia a los 20 (a no ser que a través del juego le apetezcan y sea feliz haciéndolas), como no le pedimos al chico de 20 que haga las cosas que hacía a los 5. Todo tiene su momento, su lugar y su porqué, y nosotros, como adultos, debemos colaborar para aportarles en cada situación lo que estén preparados para asumir.

Respetar su afán de investigar todo lo que les rodea y entender que necesitan jugar tanto como comer nos dará la clave para relacionarnos de manera óptima y para tener unos límites realmente adecuados a su proceso madurativo.

A partir de los 8 y a lo largo de los años siguientes, hasta la adolescencia, más o menos, va apareciendo el pensamiento un poquito más lógico, aunque todos sus esfuerzos van destinados a la integración social; es decir, que, cuando ha quedado cubierta el área afectiva, conocen sus emociones y se han desarrollado físicamente de bebés a niños, empieza a ganar terreno el área social. En ella surgen los primeros análisis de situaciones, la empatía y la preocupación o el interés por las vivencias de los demás, por pertenecer a un grupo y por adaptarse a los contratiempos que surjan, la resiliencia, etcétera.

Entonces podemos aprovechar para dialogar y explicar los límites, siempre conscientes de que nos entienden y dando paso al trabajo en equipo para cumplirlos. Han de ser unos límites acordados por todos los miembros del hogar de manera sana y consciente.

Los padres debemos adaptarnos al proceso de desarrollo en el que se encuentre cada hijo y así ayudarlos activamente en el diseño de su personalidad, sin dañarlos y ejerciendo una influencia positiva en su vida.

Si, al leer esto, te das cuenta de que, por ejemplo, durante los primeros años de vida de tus hijos intentaste hacerles entender cosas que por su razonamiento eran imposibles, que pretendías que se adaptaran a la vida adulta, en vez de adaptarte tú a ellos, y les has gritado, obligado, exigido, castigado, etcétera, y que todo eso fue un error, no te preocupes: lo importante es que ahora empieces de cero. Si tu hijo tiene 8 años, tendrás que comenzar a comunicarte positivamente y a poner límites como si entendiera tus explicaciones por primera vez, porque, en realidad, si no has tenido en cuenta sus etapas, nunca os habéis acabado de entender totalmente sin exigencias ni castigos y ahora es el momento de hacer borrón y cuenta nueva y empezar de cero.

Rebeca Wild, una filóloga germánica experta en diferentes tipos de pedagogías y especialista en límites, decía que «quien se siente bien no se comporta mal». Es imprescindible atender a las necesidades reales de los hijos para que se sientan seguros, contentos y motivados ante la vida, porque eso significa que hemos estipulado unos límites correctos y, por tanto, estamos educando a los hijos como necesitan.

Características de los límites respetuosos

Cuando nos proponemos poner límites, no podemos imaginarnos prohibiendo a todas horas. Limitar respetuosamente a los hijos no es prohibir.

Los límites son como un hilo fino entre lo que es seguro para los hijos y lo que no lo es, lo que les aporta cosas positivas y propicia su bienestar y lo que no, lo que les ayudará para diseñar su propia vida y lo que no.

Los límites deben ser:

- **Mínimos.** No podemos llenarlos de limitaciones, como si fueran títeres cuyas cuerdas movemos a nuestro antojo. En la calidad está la diferencia y no en la cantidad. Cuantos menos límites pongamos y más consensuados y dialogados estén, mejor será su integración y menos conflictos habrá en el hogar. No limites a tus hijos de manera que el hogar les resulte un infierno en el que no pueden dar un paso sin ser manejados, juzgados y marcados —«no toques eso, no comas eso, deja eso, lávate los dientes ya, deja de ver la tele, levántate de una vez, ponte a hacer los deberes, recoge tu cuarto»—, porque así solo les quitamos el aire y no damos espacio real a su cerebro para que entienda lo que es bueno y lo que no.
- **Reflexionados.** Antes de poner un muro a los objetivos de tus hijos, reflexiona si ese muro es realmente importante. Esta reflexión debe ser empática y tener en cuenta sus necesidades.
- **Claros.** Debes asegurarte de que tus hijos entienden

lo que les propones. Si como lo dices no lo entienden, busca modos comunicativos que propicien el entendimiento.

- **Respetuosos y no forzados.** Que lo que les digamos sea algo que respete sus ritmos fisiológicos y psíquicos y fomente, por tanto, el respeto mutuo, sin ir en contra de su naturaleza humana.
- **Flexibles.** Hay que perder el miedo a ser flexibles. Si algo no es de vida o muerte, se puede ser flexible; es decir, si tu hija quiere cruzar la carretera cuando pase un coche, ahí no puedes ser flexible; si tu hija te pide ver la tele hasta que se acabe el capítulo, sí puedes serlo. ¿Por qué no? Seguramente no depende de esos minutos. Se trata siempre de utilizar el sentido común en cada uno de nuestros pasos y valorar cada situación.
- **Necesarios.** Estos límites deben ser totalmente imprescindibles. A veces parece que los padres ponen barreras a los hijos como si fuera una obligación, por miedo a que los niños se vuelvan insensatos y exigentes. Esto solo pasa si los llenamos de límites innecesarios o si no tienen los que sí lo son por cuestiones esenciales.

A la hora de poner límites, siempre hay que preguntarse lo siguiente: «¿Estoy abusando del poder que creo tener sobre mis hijos y estoy midiendo sus pasos sin control o realmente lo que les pido es necesario? ¿Puedo ser flexible en mi decisión o esta flexibilidad generará un gran caos en mi familia? ¿Entienden mis hijos lo que les digo o estoy intentando que tengan un razonamiento que a su edad no pueden tener? ¿Estoy respetando sus tiempos o me dejo llevar simplemente por mis emociones o por el cansancio?». Una vez valoradas las respuestas, toma una decisión pausada, tolerante y lícita junto a tus hijos.

En un principio puede parecer complicado, pero luego aprendes a hacerlo de manera automática y, cuando alcanzas una cohesión y un equilibrio adecuados con tus hijos, sale solo y no hace falta meditar cada acción.

Con motivación y ganas, sin violencia ni agresividad y con conexión y respeto, todo se acaba consiguiendo.

Cuestiones previas a tener en cuenta como padres para plantear límites correctamente

El estado anímico en el que nos encontramos como padres es vital para la relación con nuestros hijos. De hecho, hay una diferencia enorme entre decirles algo cuando estamos muy estresados y decirlo cuando no lo estamos o lo estamos menos.

Es curioso, porque todas las familias que me piden consejo porque sus hijos son muy nerviosos y siempre parecen estresados no se habían dado cuenta del nivel de estrés de ellos como adultos y, por lo tanto, del ejemplo que les dan.

Deshacerse del estrés o del máximo estrés es importante para cualquier persona y cualquier relación.

Si no se maneja el estrés adulto, es muy difícil poner unos límites adecuados, porque se te nubla la mente, se te enfría el corazón y los nervios pueden contigo. Cuanto menos estrés tengas, mejor te comunicarás con tus hijos, con más empatía y más coherencia. Sé que con el ritmo de vida que esta sociedad nos exige es difícil, pero no es imposible. (Recuerda, además, que una buena manera de reducir el estrés es trabajando sobre la propia infancia.)

En cuanto al ritmo de vida, también podemos intentar adaptarlo a nuestros hijos. Lógicamente, a veces, como adultos, tenemos nuestras propias limitaciones y, si no podemos cambiar nuestro horario laboral porque es el que es, tenemos que habituarnos, por mucho que nos dificulte la conciliación familiar. Ahora bien, dentro del horario que tenemos planificado cada semana, debemos siempre valorar el tiempo que nos quede libre para disfrutarlo con nuestros hijos. Por ejemplo, si trabajas de lunes a viernes de 8 a 16 h y te consta que te da tiempo todos los días para estar con tus hijos después del colegio y pasar juntos las horas que hay entre que se acaban las clases y los extraescolares e irse a dormir, deberías pensar exactamente lo que vais a hacer en el tiempo que estáis juntos y cómo vais a aprovecharlo y planear el rato que tendrás para estar en exclusiva con ellos, sin obligaciones ni rutinas. Es muy normal ver a familiares que van cada uno a su aire el poquito tiempo que están juntos: entre 3 y 4 horas diarias. Si cambiamos y mejoramos esto y organizamos bien la semana y las horas, podremos dejar libre cada día una hora o más para dedicarnos únicamente a estar con los hijos: si son pequeños, para tirarnos en el suelo a hacer puzles o a jugar con animales de Playmobil, abrazarnos y comentar cómo nos ha ido el día; si son mayores, para hacer palomitas y charlar de nuestras cosas, olvidándonos de todo y de todos durante unos minutos, sin móviles ni responsabilidades, parando el tiempo y saboreándolo. Lo importante es pasar tiempo con ellos alejados del estrés y las exigencias cotidianas.

Las familias con las que trabajo me dicen en un primer momento que esto es imposible, que no pueden pasar días entre semana como si fuera domingo, que hay cosas más importantes que hacer. ¿Es que no es importante disfrutar de los hijos y ellos de nosotros? ¿Hay algo más importante que fomentar una vida diaria sana, responsable y feliz?

Empieza a plantearte un tiempo diario que sea factible en estos momentos: si son quince minutos, buenos son y poco a poco se van añadiendo más. Verás que, con esta dosis de complicidad diaria, el número de límites gana en calidad y pierde en cantidad y vuestra relación se fortalece y se estrecha.

Unido a esto, también es importante tener tiempo para uno mismo, aunque sean cinco minutos al día, para avanzar en la lectura de un libro que te gusta, darte una duchita caliente, chatear con tus primas o ver esa serie de la que todo el mundo habla. Obviamente, no haremos coincidir este tiempo personal con el tiempo que podemos pasar con nuestros hijos, porque, si no, nuestros esfuerzos no sirven de nada.

Tener tiempo para uno mismo es esencial para sentirse feliz. Si no, te vas sintiendo cada vez más aburrido de la vida cotidiana, triste y como sin rumbo. Los niños no están fuera de este grupo; es decir, los niños necesitan tiempo para sí, un tiempo en libertad, un tiempo para coger impulso y motivación, como cuando vas a la montaña, subes muy arriba, paras, descansas, miras a tu alrededor, ves la belleza de los árboles e inhalas el aire puro que alegra tus pulmones y tu cerebro... Un tiempo de semejante calidad es lo que deben tener ellos diariamente en su hogar. Cada vez que juegan o se distraen en libertad, sin rutinas, sin exigencias, sin pautas y sin que nadie los moleste, les grite o les meta prisa se llenan el cerebro y el corazón de energía y de oxígeno renovado. Hay que dejarles este espacio a diario, sin preocuparnos entonces por nada más.

Mientras disfrutan de este rato, el entorno debe ser seguro. Por ejemplo, si vamos al mar para que jueguen libremente, no iremos a una zona en la que haya acantilados, porque entonces no podrán jugar tranquilos y en libertad, ya que estaremos diciéndoles cada dos por tres por dónde pueden y no pueden moverse y vigilando su seguridad. Por tanto, debemos procurar que nuestro hogar no esté lleno de acantilados, sino que, cuantos menos obstáculos haya, mejor.

Además de esto, hay algo que es básico para poner unos buenos límites a nuestros hijos, unos límites que no dañen a ninguna de las partes y fomenten en ellos la autoestima y el buen hacer: precisamente, saber diferenciar los límites elementales de los complementarios.

Los límites elementales son los que deben existir por seguridad, salud y bienestar. Este tipo de límites son los que impiden que a los hijos les pase algo peligroso, como saltar en la bañera, porque resbala, aunque tenga alfombrilla antideslizante, asomarse por el balcón con una silla, jugar con cuchillos a juegos peligrosos, correr por la carretera, no tomarse las medicinas, pegar y gritar a los demás, insultar, etcétera; es decir, algunas cosas que, por integridad física y mental, hay que llevar a cabo. Es normal que ellos intenten zafarse de estas limitaciones, se nieguen y se enfaden, y más cuando todavía no son conscientes de los riesgos que conllevan y no tienen adquiridas todas estas pautas, pero, como padres, debemos escucharlos con comprensión, complicidad y afecto y dialogar sobre el tema utilizando todas las herramientas que aprendimos en «Tallo» y practicando con paciencia día tras día, sin perder la calma ni la lucidez, hasta que poco a poco vayan integrando estas necesidades básicas para su supervivencia.

Los límites complementarios son más bien límites culturales u ocasionales. Hacen referencia a cuestiones más banales, pero continuas en las relaciones familiares, como el tiempo que pasan jugando a la consola o chateando con los amigos, el momento de lavarse los dientes o el número de salidas al cine cada mes. Este tipo de límites dependen mucho de cada circunstancia, día o lugar. ¿Quiere decir esto que cambiemos diariamente de parecer? Claro que no: no podemos permitir un día que coman chocolate antes de la cena y al día siguiente no, porque así liamos a los hijos, los volvemos locos y distanciamos nuestra relación. Lo que quiere decir es que nos iremos adaptando al día, a la situación y al momento y seremos comprensivos y flexibles. Los adultos no nos lavamos los dientes todos los días a la misma hora, no nos acostamos en el minuto exacto que el día anterior, no nos vestimos cada día siguiendo el mismo patrón y ni siquiera desayunamos siempre en diez minutos. Nos dejamos llevar por el día, teniendo en cuenta unas bases. Eso es, justamente, lo que nuestros hijos tienen que aprender, y solo podrán hacerlo si se lo permitimos desde la no exigencia y el sentido común. Es importante, pues, no vivir obsesionados por este tipo de límites —que hagan deberes, que se duchen, que hagan su cama...—, porque, si nos ofuscamos con estos temas, nunca vamos a mejorar como padres. Este tipo de cosas son ínfimas y se aprenden mediante el ejemplo y la madurez.

Cuando sepas separar los límites elementales de los complementarios, debes centrarte en distinguir entre tus necesidades reales y las suyas.

Las necesidades de los adultos son muy distintas que las de los niños. Tú querrás que se vayan a dormir prontito para poder descansar un poco y ellos querrán seguir jugando; tú querrás ir a tomar café con cruasanes y ellos querrán jugar en el parque: es que las prioridades y las necesidades no son las mismas, como debe ser. Por eso, a la hora de plantear límites, siempre hay que aprender a separar las necesidades adultas de las de los hijos. Por ejemplo, tú quieres que tus hijos coman verduras porque crees que es importante para su salud, pero a ellos no les gustan nada. Entonces, piensas que con eso no se juega, que hay que comerlas, que no hay límites que valgan, pero esto es solo si te enfocas en tus necesidades. Las suyas y las tuyas en este caso se pueden fusionar, partiendo de la base de que ni a los niños ni a nadie hay que obligarlos a comer, ya que entonces estaríamos intentando hacer cosas a la fuerza y así lo único que aprenderían sería a aborrecer la comida y que sus padres los tratan mal para estar bien de salud, descuidando, no obstante, su salud mental (algo claramente incoherente). Siempre se pueden buscar alternativas, como ir con ellos a comprar los alimentos, decidir el menú entre todos, preparar recetas divertidas y diferentes, etcétera. Así, seguramente, la hora de la comida no será tan negativa. No es lo mismo que tengan unos calabacines a la plancha con zanahorias cocidas a que tengan unas sanas tortitas de calabacines y zanahoria, con formas chulas. Te aseguro que el éxito es un hecho y no se tarda más en cocinarlo: incluso se tarda menos. Puede que, aun así, no quiera comerlas; entonces deberás seguir buscando opciones e ir acoplándolas hasta encontrar la tecla correcta. Se trata de darles tu comprensión y tu sostén y de buscar juntos posibles soluciones con cariño, amor y respeto.

Si tu hijo quiere ir al instituto a pie con sus amigos, en vez de ir contigo en el coche, porque dice que ya tiene 15 años y todos van juntos, pues empieza por separar tus necesidades de las suyas. Tú necesitas tenerlo todo controlado, saber que llega y que todo va bien; él, sentirse libre y respetado (recuerda las particularidades que vimos en «Raíces» sobre la adolescencia). Quizá, en vez de ponerle un límite y decirle que tiene que ir contigo en el coche, puedes estar un tiempo comprobando sutilmente desde el automóvil que llega bien. Las dos necesidades estarán cubiertas: él irá con sus amigos al cole andando y tú te cerciorarás de que todo está bien, y así ambos estaréis felices, sin malos rollos ni planteamientos desconsiderados.

Si tu hija no quiere bañarse porque está en ese momento en el que nunca les gusta bañarse, plantéate si realmente es importante hacerlo cada día. Si tienes en cuenta que, como todavía no va al colegio, apenas se mancha y que, en vez de relajarla —ese es el objetivo—, un baño la estresa más, puedes optar por bañarla solo determinados días de la semana. ¿Quiere eso decir que entonces querrá bañarse el día que le toque? No, lo más seguro es que no, pero al menos disminuiréis en número y en intensidad el malestar que siente cuando le toca bañarse.

Es cuestión de mirar siempre más allá y de comprender a nuestros hijos en todas sus etapas, sabiendo separar sus necesidades reales de las nuestras. Siempre hay una solución para todo. ¿Por qué hacer las cosas mal, si haciéndolas bien nos sentimos todos mejor y ganan todas las partes?

Hay que perder el miedo a educar a los niños sin límites, porque este mismo miedo se interpone entre tus hijos y tú, entre poner unos límites lógicos y coherentes y no hacerlo.

Una cuestión que nos echará una mano para diferenciar las necesidades de unos y otros es la toma de decisiones conjunta. Es desacertado pensar que, por ser niños, no pueden tomar decisiones, ya que son demasiado pequeños y no saben, porque, precisamente cuando nunca se les da la oportunidad de tomarlas, no aprenden a hacerlo. Como padres, siempre hemos de preguntarnos si lo que decidimos podrían decidirlo los hijos y, por lo tanto, darles la oportunidad de hacerlo. Permitir decidir a los hijos previene muchos conflictos, ya que cooperamos conjuntamente, en vez de ir cada uno por su lado. Como es lógico, no vamos a dejar en sus manos una decisión vital o puramente adulta, pero sí pequeñas decisiones que se toman a diario, como elegir su ropa. Para ello, podemos dejar en el armario la ropa que consideremos adecuada para la estación en que nos encontremos, pero permitirles ir a gusto con aquello que llevan. En cuanto a escoger lo que van a comer, por ejemplo, cada fin de semana podemos elaborar un menú conjuntamente, dándoles a elegir entre las cosas que creamos relevantes para su organismo. Ellos se sentirán muy felices de elaborar el menú con nosotros y de poder tomar decisiones sobre algo fundamental en su vida, como comer, y los padres nos sentiremos realizados al pensar que tenemos a nuestros hijos en cuenta y, encima, al favorecer el consumo de comida sana.

Permitir a los hijos tomar decisiones es una de las formas más sencillas de quitarse de encima límites innecesarios.

Por último, quiero recalcar que, para pactar unos límites adecuados con nuestros hijos, hay que perder el temor a ofrecerles ayuda.

Hay muchas teorías y muchos autores que hablan de la importancia de que los niños sean autónomos, y circulan cientos de carteles por internet con listados interminables de lo que los niños de diferentes edades tendrían que hacer solos. Las actividades van desde lavarse las manos hasta hacer la cama o quitar el polvo. Eso es aberrante: primero, porque estas no son cosas que deba hacer un niño —un niño debe jugar, jugar y, más tarde, jugar—; segundo, porque todo se aprende mediante el ejemplo y, por tanto, no podemos pedirle a nuestro hijo de buenas a primeras que se haga la cama solo, sin antes haberlo hecho nosotros —su cama y la nuestra— durante años delante de él —poco a poco irá teniendo interés por hacerlo y llegará un momento en el que lo haga—, y, tercero, porque el ser autónomo se vive y no se hace.

No podemos exigir a los niños que sean adultos y, sí, puede haber muchas cosas que se aprendan mediante el juego. Hay niños, como mi hijo, por ejemplo, que con 2 añitos ponía y quitaba la mesa, se lavaba los dientes feliz y ordenaba sus juguetes. ¿Por qué? Porque todo formaba parte del juego. Ahora, con casi 6 años, no quiere lavarse los dientes porque considera que hay cosas más interesantes que hacer y por eso sus padres actuamos desde el ejemplo y buscamos alternativas divertidas y adaptadas.

Cuando el juego se convierte en obligación, deja de ser divertido y entonces los hijos deben aprender a través del ejemplo lo que realmente es importante para su desarrollo y lo que no.

Hay que tener siempre claro que los niños y los chavales lo acaban aprendiendo todo: no hay nadie que tenga 30 años y vaya a independizarse con su pareja y no sepa quitar la mesa o hacer la cama.

Lo importante de que los niños sean autónomos es que lo sean por sí mismos, siguiendo un buen ejemplo, con calma, sin juicios y sin exigencias, siendo ellos mismos, sin presión, con confianza y seguridad, con responsabilidad y respeto. Un niño que aprende a ser autónomo por obligación en realidad no es autónomo, sino solo una marioneta que hace e integra lo que se le dice. Si los dejamos decidir y actuar con libertad —una libertad segura—, todo llegará.

Por tanto, no hay que temer al hecho de ayudar a los hijos. Algunas madres me han llegado a decir: «Pero, Tania, mi hijo me pide ayuda para vestirse por las mañanas y, la verdad, en el colegio me dicen que ya debería hacerlo solo y yo me siento mal: no lo quiero ayudar, porque me dicen que es malo para él que lo haga, pero en realidad me gustaría ayudarlo». Mi respuesta es que, por supuesto, hay que ayudarlos, porque, si no ayudamos a los hijos a vestirse cuando tienen 5 años, ¿cuándo lo vamos a hacer? Y, además, hacerlo con toda la paciencia, el amor y la comprensión del mundo, porque no hay nada de malo en que una madre vista a su hijo... Bueno, sí, solo una: esos tiernos momentos un día se acaban y ellos dejan de querer que los vistamos y se vuelven autónomos por pura necesidad, evolución y ley de vida.

Ayudando a tus hijos, tendrás menos límites secundarios que dialogar, ya que muchos de los que se suelen poner tienen que ver con este tema y también generan muchos conflictos que serían evitables si simplemente aceptáramos la naturaleza de nuestros hijos y su necesidad.

Todo llega, así que no temas y ofrece ayuda a tus hijos: nada malo va a pasar; todo irá bien, ya que es natural, positivo y la mejor forma de aprender a ser autónomos.

HERRAMIENTAS PARA PONER LÍMITES APROPIADOS Y RESPETUOSOS

Cuando hemos puesto en práctica e integrado en nuestra manera de educar todos los aspectos aprendidos sobre los límites, estamos preparados para expresarlos por medio del lenguaje.

Hay cuatro herramientas imprescindibles para acordar unos límites correctos con nuestros hijos:

El sí

Estamos tan acostumbrados a decir que no a los hijos que esta parece la única palabra válida a la hora de relacionarnos con ellos. Las familias suelen tener miedo a decir que sí, como si por decirlo estuvieran cometiendo un pecado mortal. Es tal la presión social por pronunciar un sí que la inseguridad que les hace sentir no las deja decirlo con tranquilidad.

Para saber si conviene decir que sí ante una situación, hay que plantearse: ¿realmente qué le quiero decir, que sí o que no? En el caso de ser que sí, ¿por qué? Si decidimos que sí, pues adelante. No pasará nada por que tu respuesta sea afirmativa.

Algo importante a tener en cuenta es que, si decimos que sí, luego no podemos cambiar al no, porque, si nos hemos decantado por el sí, es porque creemos firmemente que es lo correcto. Si luego cambiamos de parecer sin motivo, lo único que haremos será generar inseguridades, falta de autoestima e incoherencias. Por ejemplo, a nuestra hija le gusta picar patatas fritas de bolsa antes de cenar y a nosotros nos gusta comprarlas y tenerlas en casa. Llega la hora de la cena y nos pregunta si antes puede picar cinco patatas. Nosotros reflexionamos antes de decir que no sin más, sin meditarlo ni sopesarlo, pues nos planteamos si será malo comer cinco patatas fritas antes de la cena. ¿Repercutirá en su salud y en su seguridad? ¿Es importante decir que no? Y nos damos cuenta de que podemos decirle que sí perfectamente, porque hasta nosotros estamos picando unas patatas fritas mientras cocinamos, así que le decimos que sí: un sí coherente, pausado, con buena cara, respetuoso, claro y sin darle más vueltas. Un sí de un padre o una madre que decide que no hay que limitar eso, porque no es nada malo y todo está correcto.

El no

No hay que negarles cosas a los hijos por el mero hecho de pensar que hay que «marcar el terreno» o porque hay que «decirles que no». A los hijos hay que decirles la menor cantidad de noes posible. No hay que abusar de los noes ni tampoco de los síes. Los que digamos tienen que ser sólidos; es decir, hemos de estar muy seguros de que eso debe ser un no. Por lo tanto, hay que pensar desde el inicio si vamos a decir que no, exactamente igual que en el caso del sí.

Cuando hemos realizado el trabajo de pensar si decir que sí o que no y hemos decidido que vamos a decantarnos por el no, hay que estar seguros y ser coherentes con nuestros actos posteriores: es muy importante que no hagamos nosotros lo que les prohibimos a ellos.

El no se debe decir con amabilidad, sin gritos, sin perder la estabilidad ni los nervios. Decir el no adecuado y de manera correcta ayuda a los hijos a ser coherentes en el presente y en el futuro y además les enseña algo relevante: a decir que no cuando sea necesario. Hoy en día, hay muchos chavales con 15, 16 o 18 años que no saben decir que no porque, si durante toda su infancia sus padres han estado diciéndoles que no a todo al comunicarse con ellos, sin sentido ni reflexión, pierden la noción entre el no necesario y el incoherente. Como con el sí, cuando hemos dicho que no, no podemos cambiar al sí.

En el caso de las patatas fritas de bolsa, nosotros reflexionamos, antes de decir que no sin más, sin meditarlo ni sopesarlo, pues nos planteamos si será malo comer cinco patatas fritas antes de la cena. ¿Repercutirá en su salud y en su seguridad? ¿Es importante decir que no? Nos damos cuenta de que le tenemos que decir que no porque después no cenará nada, ya que se llena muy rápido. Entonces deberemos decírselo con buenas formas, comprensión y amabilidad, pero negando la posibilidad que desea, con el no de un padre o una madre que decide que hay que limitar algo que repercute negativamente en su salud.

Como es lógico, negar algo a los hijos genera en ellos consecuencias emocionales. Se enfadan y con razón: ¿quién no se enfada, se entristece o se frustra cuando no consigue lo que quiere? Para ti no serán más que unas patatas de bolsa, que, además, ni siquiera saben a patata, pero para ella son sus preferidas, las que sabe que están en el armario del pan de molde. Debemos estar preparados para que las negativas impacten de lleno en el cerebro emocional de nuestros hijos y que ellos lo expresen. ¿Qué hacer, entonces, cuando se tiran al suelo enfadados, si son pequeños, o cuando dicen palabrotas y dan portazos, si son mayores? La respuesta la tendrás en «Hojas», ya que las emociones son tan primordiales como complejas, pero no te impacientes, porque hablaremos de ellas enseguida.

El no, por tanto, es válido y necesario si está reflexionado y bien pautado. De esta manera, también les enseñamos a que no estar de acuerdo en algo es lo más normal del mundo y que lo importante es enfrentarse a las adversidades con amplitud de mente y serenidad.

Las alternativas

A veces las cosas no pueden ni deben ser blancas ni negras y, antes de decir que sí o que no, podemos ofrecer otro camino que nos haga bien a ambos y evitar así el conflicto. Siguiendo con el ejemplo anterior, reflexiono antes de decir que no sin más, sin meditarlo ni sopesarlo, pues nos planteamos si será malo comer cinco patatas fritas antes de la cena. ¿Repercutirá en su salud y en su seguridad? ¿Es importante decir que no? Y me doy cuenta de que no importa tanto que pique algo, porque no pierde el apetito, pero considero que las patatas de bolsa no son lo más adecuado para ella —de hecho, cada día te arrepientes de haberlas comprado— y que puedo ofrecerle otra cosa que le apetezca y que sea una opción más sana. Entonces le pregunto, siguiendo las pautas de comunicarme de manera positiva, si quiere una zanahoria: le explico mis motivos, le digo lo buena que es para la salud y saco otra para mí también. Este acto de confianza, de complicidad y de empatía hará que tu hija siembre una buena relación contigo, que recuerde esos momentos el resto de su vida y que pique algo antes de comer, sin haber tenido con su madre un momento estresante o desagradable. Esta es la alternativa de una madre que decide limitar las patatas, porque no las considera positivas para la salud de su hija, pero que, antes de decir que no, sabe que existen otras posibilidades respetuosas con su salud.

Las negociaciones

Hay momentos en los que la decisión debe ser tomada por ambas partes: no podemos tomarla solo nosotros ni solo ellos. La negociación sirve para llegar a un consenso y sentirnos todos felices. En el caso de las patatas fritas de bolsa que venimos utilizando, reflexionamos antes de decir que no sin más, sin meditarlo ni sopesarlo, pues nos planteamos si será malo comer cinco patatas fritas antes de la cena. ¿Repercutirá en su salud y en su seguridad? ¿Es importante decir que no? Y nos damos cuenta de que no importa tanto que pique algo, porque no pierde el apetito, aunque consideramos que las patatas de bolsa no son lo más adecuado y que cinco son demasiadas, así que decidimos hablar con ella y estipular un punto intermedio en el que los dos salgamos ganando: tal vez tres patatas y os sentiréis felices, tranquilos, coherente y sinceros.

La negociación debe ser muy meditada y reflexionada, pensando siempre en la necesidad real de nuestro hijo y no en la emoción que a nosotros nos genere, porque, si no, caemos en el error de abusar de estas negociaciones y de convertir la relación con nuestros hijos en un contrato, y entonces no estaremos poniendo buenos límites.

Algo importante a tener en cuenta a la hora de realizar una negociación es que no podemos renegociar y renegociar eternamente, porque entonces llenamos a nuestros hijos de incoherencias y nosotros perdemos los nervios y nos alejamos del objetivo de educar desde el respeto y la coherencia.

Por tanto, en nuestro caso de la niña y las patatas, si acordamos con ella que coma tres patatas, cuando se las acabe y pida más, no debemos decirle que puede comerse una más, porque entonces mareamos la perdiz. Si nuestra decisión ha sido tomada de manera respetuosa y bien pensada, quiere decir que es la correcta y que, por tanto, no da lugar a cambios. Seguramente, al decirle que no, la niña se enfadará, porque quiere otra, pero lo único que podemos hacer entonces es acompañar su enfado como veremos más adelante.

Estas cuatro herramientas son una maravilla y son esenciales en la estipulación de límites. Ahora bien, todos somos humanos y, como seres humanos, para aprender debemos practicar, practicar y practicar y también —¡cómo no!— cometer errores, pero de eso se trata: de ponernos en marcha y esforzarnos al máximo para mejorar y cada vez tener menos noes en casa, muchos síes y búsquedas de alternativas, para tener unos límites correctos que hagan brillar a nuestros hijos como los seres únicos que son, en vez de oscurecerse poco a poco.

PASO A PASO PARA ACORDAR BUENOS LÍMITES

Hay que tener en cuenta que, para llegar a este punto, primero debemos haber trabajado en diferentes áreas, como intentar liberar el estrés y pasar tiempo con los niños, entre otras, ya que todo esto te ayudará a poner unos límites coherentes y basados en el conocimiento pleno de tus hijos y de ti mismo. También hay que ser conscientes de que los conflictos son normales en las familias y en todos los lugares y que la importancia siempre está en cómo nos adaptemos a ellos y los superemos:

- Reflexiona si vas a poner un límite por pura necesidad adulta o no. Si es por tu necesidad, distingue entre si esa necesidad es la misma que la de tus hijos. Si no lo es, plantéate si ese límite es realmente imprescindible.
- Si es necesario, reflexiona si vas a decir que sí o vas a buscar una alternativa.
- Si no te decides por ninguna de las anteriores, plantéate si es algo que puedes negociar con tu hijo. Si es así, negocia según las características de la negociación.
- Quizá sea algo a lo que debes decir que no desde el inicio. Si está meditado, es coherente y se ha consensuado con respeto, estupendo: es tan lícito como las otras opciones.
- Una vez acordado el límite y en función del desenlace, debes estar preparado para las explosiones de emoción de tus hijos. Puede que en algunas ocasiones estas emociones sean de júbilo y de felicidad o puede que sean de rabia, tristeza o enfado. Tanto unas como otras son igual de legítimas y deberás acompañar su estado sin perder los nervios ni expresar impulsivamente el malestar que te generen.
- Si ves que te has equivocado y deberías haber dicho que sí o buscar alguna solución antes de decir que

no desde el principio, háblalo abiertamente con tu hijo y explícale que te has equivocado y que has reconsiderado la decisión. Somos humanos, de modo que errar es algo natural. Lo importante es siempre aprender del error y subsanarlo, ya que lo que no podemos hacer es cometer todos los días equivocaciones parecidas y estar cambiando los límites como nos convenga emocionalmente a los adultos. Debemos ser coherentes y esforzarnos siempre por ser cada vez los padres que nuestros hijos necesitan y que nosotros necesitamos, ya que, mejorando la relación con nuestros hijos o reforzándola, tendremos fuerzas para conseguir todo lo que las demás experiencias nos deparen.

La vida es corta y por eso es importante disfrutarla junto a los hijos: educando con gritos, castigos, amenazas, manipulaciones, chantajes, barreras, presiones, insultos, abusos, malestares, discusiones constantes y preocupaciones innecesarias es imposible hacerlo.

Como dijo el cantante estadounidense Bobby McFerrin hace ya casi treinta años: «Don't Worry. Be Happy».

Así que, ya lo sabes: para educar correcta y positivamente, ¡fuera preocupaciones y expectativas previas y sed felices!

4

HOJAS

Entiende y controla tus emociones para mejorar la relación con tus hijos

> No olvidemos que las pequeñas emociones son los grandes capitanes de nuestra vida y que las obedecemos sin darnos cuenta siquiera.
>
> VINCENT VAN GOGH

Nuestro cuerpo y nuestro cerebro necesitan diferentes motores para sobrevivir, entre ellos, oxígeno, alimento, descanso y agua. Las emociones también forman parte de estos motores que nos hacen funcionar, aunque habitualmente no seamos conscientes de ello, ya que, por norma general, en nuestra sociedad no se da a los procesos emocionales la importancia que tienen, sino que se los subestima a diario.

Según Charles Darwin, el científico y naturalista inglés, las emociones permiten sobrevivir y reproducirse tanto a personas como a animales. Las personas debemos comprender que nuestras emociones forman parte de nuestras necesidades más básicas, de la fuerza que nos mueve y nos ayuda a avanzar.

Nuestro cerebro tiene un mecanismo complejo y perfecto: es una verdadera obra de ingeniería.

Dentro del cerebro tenemos dos áreas relevantes y diferenciadas que constituyen nuestro yo interior: el cerebro racional y el cerebro emocional.

El primero se encuentra en la corteza cerebral. Se ocupa de nuestro pensamiento más teórico y abstracto, de aquellas palabras que verbalizamos y del desarrollo de nuestro yo más consciente de su realidad. El segundo se encuentra justo debajo del neocórtex cerebral y se ocupa de regular y organizar las emociones; tiene como base la amígdala cerebral, el sistema límbico, que es el sostén principal de los sentimientos y el afecto.

Todavía no se sabe mucho sobre cómo interaccionan entre sí estas dos áreas, pero sí que las dos marcan nuestro destino.

Imagina que te han ofrecido dos trabajos muy buenos: el trabajo en el que te pagan más no tiene que ver con lo que te apasiona, pero el trabajo en el que te pagan menos es el sueño de tu vida, laboralmente hablando. Si te dejaras llevar solo por la razón, por tu cerebro racional, pensarías que tienes muchos gastos, que tu familia lo necesita y que has de escoger el puesto en el que te paguen más. Sin embargo, es difícil dejarse llevar únicamente por la razón, ya que tu corazón (la parte emocional) siempre va a decirte: «¡Eh! Yo también cuento. ¡Mírame! Estoy aquí. Hazme caso». Sin duda, si escogieras tu camino en función del pensamiento lógico, no serías completamente feliz, porque quizá cada mañana te arrepentirías de no haber hecho lo que te indicaba el corazón. Por otro lado, si te dejaras llevar por la parte emocional, estarías completo, pero seguramente te sentirías culpable por no llevar ese dinero extra a tu hogar. En ambas ocasiones, tanto si escoges el uno como el otro, lo que predominan son las emociones que te generan, que siempre están ahí, pase lo que pase en nuestra vida.

Con nuestras emociones lo hacemos todo: son el fruto generado por lo que vivimos y por cómo lo vivimos. Forman parte de la evolución del ser humano y, por tanto, de nuestra vida diaria.

Nos ayudan en cada situación y nos hacen de puente entre lo que sentimos y lo que sucede; establecen la sincronización entre lo que sentimos y lo que está pasando.

Nos acompañan siempre, a cada paso, desde que desayunamos por las mañanas, con prisas porque llegamos tarde a dejar a los niños en el colegio, hasta cuando estamos en la cola de la frutería, esperando nuestro turno o en el momento en el que estás a solas con tu pareja viendo una película en el sofá. En todas y cada una de las situaciones, estás sintiendo y, a la vez que sientes, aprendes diferentes herramientas y estrategias para afrontar las aventuras que la vida te tenga preparadas.

Manifestamos nuestras emociones de diferentes maneras: hacemos gestos con la cara y con los brazos, apretamos la mandíbula, las acompañamos con recursos verbales, sudamos, se nos acelera el corazón... Todas y cada una de ellas tienen en nosotros un impacto no solo mental, sino también físico. De hecho, muchos científicos consideran que en el área de los ojos y de la boca reside el foco de la expresión de las emociones, ya que casi todas se expresan utilizando estos dos elementos de nuestro cuerpo, entre otros. Por ejemplo, cuando una noticia nos sorprende, solemos abrir la boca; cuando una imagen nos enternece, nos brillan los ojos, y, si algo nos enfada, fruncimos el ceño.

Como sabes, cada persona es única y especial. No hay nadie que pueda ser como otra y en las emociones no podía ser menos. Cada uno siente como siente y su cerebro emocional juega un papel imprescindible en su proceso vital, ya que, entre otras cosas, muchas (por no decir todas) de las decisiones que tomamos, lo que decimos y cómo lo decimos y lo que hacemos y cómo lo hacemos están guiados por aquello que sentimos.

Cada uno de nosotros tiene una base genética exclusiva; es decir, somos y sentimos en función de nuestros genes, pero también somos y sentimos en función de la manera en la que nos educaron, nos trataron y nos dieron amor durante la infancia, lo que hemos hecho de esta experiencia en las demás áreas de la vida, el contexto en el que vivimos y nos relacionamos y todo lo que envuelve nuestro día a día.

No obstante, como vimos en «Raíces», la base de lo que sentimos y de cómo lo sentimos está en nuestra infancia, en lo acompañadas que estuvieron nuestras emociones durante esa etapa y en la validación y la importancia que tuvieron. Si de niños no nos pudimos expresar, tendremos dificultades para expresar y reconocer emociones; si fuimos niños poco acompañados o juzgados, tendremos dificultades para empatizar con los demás y también para reconocer las emociones.

Por otro lado, si nuestros padres no nos aportaron

todo el amor y el apego que nuestro cerebro emocional necesitaba, tendremos unas carencias que solo resolveremos con mucha dedicación, conciencia y apertura de mente. Cuanto más trabajemos y mejor superemos esta privación de amor de cuando éramos pequeños, más preparados estaremos para reconocer y sentir nuestras emociones de manera sincera y, por lo tanto, para dejar que nos lleven por el camino correcto. Algunas veces nos saldrá bien, otras mal, pero, al fin y al cabo, será nuestra elección sincera y empática con el otro.

Aunque cada uno de nosotros somos diferentes, estamos acostumbrados a vivir en comunidad y a relacionarnos desde la prehistoria, cuando la agrupación era clave para la supervivencia.

Es por este motivo que las emociones se pegan. Sí, sí, como cuando tienes un resfriado y te acercas mucho a tu pareja y al día siguiente te dice: «¡Me lo has pegado!». Pues con ellas pasa lo mismo: como seres sociales, nos contagiamos de la emoción de los demás. Esto explica que, si sales del portal de tu casa y te encuentras con un vecino que te sonríe y te da los buenos días, tú le sonreirás y el buen rollo será recíproco; en cambio, si sales del portal de tu casa y el vecino te mira con mala cara, te frunce el ceño y ni te saluda, también se te impregnará su malestar.

El grupo es tan importante para los seres humanos que a veces nos dejamos llevar por la masa, aunque no sintamos lo mismo. Por eso, cuando tu hija de 2 añitos y tú estáis en el parque y a vuestro alrededor todas las madres riñen a sus hijos por no compartir, aunque estés convencida de que el objetivo de un bebé es explorar, jugar y conocer mundo, y no compartir —eso es un estigma social más—, puede que al final te dejes llevar por la presión del entorno.

Para ser realmente felices, debemos conocer en profundidad nuestras emociones y ocuparnos de que haya una simbiosis coherente entre lo que pensamos y lo que decimos; por ejemplo, no puedes decirle a tu hijo que ya no lo quieres porque ha suspendido un examen: primero, porque no es lo que sientes en realidad, sino que solo lo dices porque estás enfadado, y, segundo, porque eso deja una huella negativa en su corazón y en su cerebro. Cuando conoces tus emociones, las aceptas y confías en ellas, consigues pensar antes de actuar y de manifestar a tu hijo lo que te enfada, sin necesidad de dañar su autoestima ni de darle mal ejemplo.

No existe vida sin emociones ni emociones sin vida. En nuestra mano está utilizar las emociones para transformar la vida a mejor, en vez de para hacernos sufrir a nosotros mismos y a los demás.

CÓMO INFLUYEN NUESTRAS EMOCIONES EN LA RELACIÓN CON LOS HIJOS

Cuando trabajo mano a mano con las familias sobre las emociones y el papel fundamental que juegan en el vínculo que tenemos y creamos a diario con nuestros hijos, siempre les explico que educar es surfear, ya que, durante el proceso, va a haber momentos buenos, momentos no tan buenos, momentos fatales y momentos peores, pero que lo más importante de todo es mantenerse siempre ahí, entender las necesidades de los hijos y las nuestras, sin perder los nervios constantemente; de lo contrario, llegaríamos a hacerles un daño mucho mayor de lo que parece.

Educar es mantenerse encima de la tabla, aunque la tormenta sea fuerte, con olas altas, olas bajas, marea alta, marea baja, mar tranquilo y en calma o bajo una tempestad... Tú, como madre o como padre, siempre en la tabla, agarrándote fuerte, como aquel surfista por vocación que, a pesar de las adversidades, se mantiene en pie.

Si la manera de comunicarnos con los niños es importantísima a la hora de acompañarlos por la vida, así como los límites que por seguridad y por salud tengamos que contemplar, ¿cómo no lo van a ser nuestras emociones y nuestro estado de ánimo? De hecho, ejercen un poder extraordinario en cada uno de los pasos que damos.

Imagina que vais a la playa un día soleado de agosto, te metes en el mar con tus dos hijos de 7 y 5 años y, de repente, ves una medusa. «¡Oh, Dios mío!», exclamas. A continuación, gritas enloquecida, los instas a salir del agua corriendo y, una vez fuera, te sientas en la arena y empiezas a revisarles el cuerpo con ansiedad, explicándoles lo peligrosas que son las medusas, el sufrimiento que les podría haber causado que les picara una y el susto tan grande que te has dado. ¿Qué tipo de emoción crees que producirías en tus hijos? ¿Cómo crees que vivirían esta situación? ¿Cómo les influiría esto para el resto de su vida?

Podrías haber vivido el mismo momento de la siguiente manera: te metes en el mar con tus dos hijos de 7 y 5 años y, de repente, ves una medusa. «¡Oh, Dios mío! —exclamas—. ¡Qué bonita es! —les dices—. Vamos a apartarnos un poquito para dejarle espacio para flotar. ¿Sabíais que las medusas utilizan sus tentáculos para alimentarse y defenderse? Por eso, si se sienten atacadas por nosotros, nos picarán. Cuando volvamos a casa, si os apetece, podemos ver un documental muy interesante sobre las medusas, sus formas y sus especies.» ¿Qué tipo de emoción crees que producirías en tus hijos? ¿Cómo crees que vivirían esta situación? ¿Cómo les influiría esto para el resto de su vida?

En el primer caso, tus hijos se asustarían y recordarían ese episodio como un momento de angustia y de miedo. En el segundo, lo integrarían como algo natural y aprenderían que hay que ser cautos, sí, pero sin llegar al espanto.

¿Quiere decir esto que dejemos de ser quienes somos? No, por supuesto que no; pero sí quiere decir que debemos aprender a canalizar nuestras emociones, a responsabilizarnos de ellas y a pasarlas por un primer filtro, antes de dejar que nos dominen y, por lo tanto, se conviertan en un obstáculo para crear la relación que queremos establecer con nuestros hijos, basada en el amor incondicional, el respeto, la coherencia, el sentido común, la empatía, la seguridad y el bienestar.

Los padres somos un ejemplo para los hijos y por eso lo que sentimos y cómo lo expresamos se integra en su cerebro y los guía por la vida, a veces mucho más profundamente que cualquier cosa que hagamos.

Tienes que esforzarte, pues, por sentirte cada vez más cerca de tus emociones, por identificarlas y por entenderlas, para poder ayudar a tus hijos a que se encuentren cada vez más unidos y conectados a las suyas, y para que así se sientan en condiciones de no seguir al grupo como las ovejitas en un rebaño cuando no lo quieran seguir, porque así lo sientan y lo deseen.

APRENDE A RECONOCER TUS EMOCIONES Y MEJORA ASÍ EN TU PAPEL DE PADRE O MADRE

En realidad, cuando una persona aprende a tener una relación estrecha con sus emociones, gana en calidad de vida y en felicidad. Por eso esta conexión con tus emociones no solo te servirá con tus hijos, sino que te aportará unas pautas que siempre llevarás contigo y que pondrás en práctica en todas tus relaciones. Cuando más sepas acerca de ellas y las entiendas mejor, más fácilmente podrás conectar con los demás, manteniendo sana tu autoestima y tu seguridad, y, a partir de este trabajo profundo, empatizarás con tus hijos en cada paso que den.

Además, por supuesto, saber más sobre tus propias emociones es esencial para aprender cosas sobre ti mismo, cosas de las que a veces ni siquiera eres consciente, así como para ser fiel a las necesidades reales personales que te caractericen.

Cuando sepas lo que sientes y el porqué de este sentimiento, serás capaz de controlar el estrés que a veces provocan diferentes situaciones y así conseguirás tener una vida mucho más consciente, plena y feliz y generarás un vínculo eterno con tus hijos, mucho mayor del que ya tienes por el simple hecho de ser tus hijos.

Qué tipo de emociones hay y cómo saber qué nos pasa en cada momento

Hay muchas teorías acerca de las emociones. Algunos investigadores, como el psicólogo Paul Ekman, consideraban que las emociones básicas, las universales, las que son comunes a todos los seres humanos en su manera de expresarlas, son seis: rabia, asco, miedo, felicidad, tristeza y sorpresa. Por eso, aunque dos personas no hablen el mismo idioma, cada una puede entender lo que está sintiendo la otra con solo ver su expresión.

Sin embargo, algunas investigaciones más actuales mantienen que estas emociones básicas son solo cuatro, ya que algunas comparten las mismas o parecidas expresiones.

Lo que sí tienen en común las diferentes teorías es que hay que distinguir varios tipos de emociones: las básicas y universales, comunes a todos los seres humanos —son las primeras que sentimos en una situación determinada—, y las secundarias, que van detrás de esta primera emoción que experimentamos.

Para educar con coherencia y sentido común, considero imprescindible conocer y reconocer las siguientes emociones básicas en cada situación que experimentemos junto a los hijos. Solo si somos conscientes de cada una de estas emociones, podremos comunicarnos de manera correcta y positiva, como nosotros mismos —somos las personas que más los quieren—, y no como la persona en la que nos convertimos cuando las emociones hablan por nosotros:

- **Reconocer la rabia.** Esta emoción es de las más corrientes en cuanto a la relación con los hijos. Es triste, pero es una realidad.

Se suele sentir rabia cuando el cerebro se siente atacado por otra persona; cuando tus principios, tus valores y tu autoestima han sido pisoteados, y cuando no se tienen en cuenta tus objetivos y tus motivaciones. Sientes la necesidad de defender esos principios, de luchar por lo tuyo con todo tu ser, con un impulso desmedido que te maneja como un títere. Como todas las emociones, la ira ejerce en ti un poder físico y biológico: tu corazón se acelera, aprietas la mandíbula, tu estrés se multiplica y necesitas coger aire, porque te invade la ansiedad.

Es tan poco el conocimiento que tienen los padres sobre su rabia que no se dan cuenta de hasta dónde puede llegar. Pierden los papeles con cosas tan normales en un niño como no querer hacer los deberes o pintar la pared con un rotulador.

Ya aprendimos en el capítulo «Ramas» a guiar a nuestros hijos respecto a las cosas que son correctas o no lo son en nuestro hogar, y, por tanto, cada familia debe adaptar los límites a sus necesidades. Por ejemplo, es posible que para una familia sea un gran problema que su hijo pinte en la pared y quizá para otra no lo sea, porque tienen un producto especial para limpiarla. Si resulta que tu hijo ha pintado en la pared con rotulador y para ti eso es un desastre fatal, en el momento en que sientes rabia, para el tiempo, siéntela y déjala fluir con el pensamiento. No es lo mismo hacer frente a una situación con sentido común que sin él. Ahora aprenderás qué hacer cuando, por ejemplo, tengas que decirles que no a tus hijos respecto al rotulador y la pared, si te preguntaran si pueden pintarla. Sabrás acompañar sus frustraciones y sus momentos de ira, pero para ello es imprescindible que antes entiendas y domines la tuya.

- **Reconocer la tristeza.** Muchos padres se sienten desdichados al ver cómo pasan los días sin cambios, haciendo todos los días lo mismo y discutiendo con los hijos, día sí y día también, por temas tan banales como lavarse los dientes, algo que, con empatía con las necesidades reales de los hijos y una buena instauración de límites respetuosos, no pasaría. La tristeza se caracteriza por estar negativos y no ver más allá; nos mantiene estancados en cosas que ya han pasado o que podrían haber sido de otra manera y no fueron.

  Cuando estamos tristes, no nos podemos concentrar bien, sentimos ganas de llorar y lloramos, vemos el futuro negro y hasta puede llegar a dolernos el pecho y podemos sentir una presión que nos ahoga.

- **Reconocer la felicidad.** Otra cosa no, pero lo que tenemos claro los padres es que nuestros hijos nos hacen felices. El grado depende de cada uno, pero, por norma general, somos padres con el objetivo de aumentar la familia y ser más felices.

  Puede que a veces te sientas agotado y con ganas de dormir mejor pero te resulte imposible, que te apetezca ver una peli tranquilo los domingos y eso ya pasó a la historia, que viajes entre peluches en vez de entre sandalias y bolsos, pero lo que tienes claro es que tus hijos te hacen feliz. Los quieres más que a nada en este mundo y ellos a ti.

Cuando tu interior experimenta la felicidad, sientes que has ganado, que has conseguido lo que tu corazón quería, y te crees capaz de alcanzar todos tus sueños. No hay preocupación, sino solo paz y tranquilidad; tu respiración es pura calma, tu corazón late al ritmo de tu emoción y, a veces, incluso se te pueden dilatar las pupilas.

- **Reconocer el miedo.** El miedo es una emoción que mueve los cimientos hasta del edificio más pesado. Según cómo nos hayan educado, estaremos acostumbrados a sentirlo, tanto que nos cuesta distinguirlo. Por ejemplo, si cuando eras pequeño sentías miedo durante todo el día, porque tus emociones no importaban nada y te daba miedo hasta preguntar la hora, es muy probable que sientas un miedo desmesurado cuando tus hijos salen de excursión, por si les pasa algo; cuando tienen fiebre, no vaya a ser que sea algo grave; de que se enfaden, pues crees que, si se enfadan y lo expresan, se volverán unos maleducados, etcétera. El miedo se debe sentir cuando es realmente necesario y hay que trabajar a diario para saber ponerlo en su lugar y entonces dejarnos orientar por este miedo real y no por el imaginario.

El miedo surge porque nuestro cerebro cree que está ante un verdadero peligro, del cual no se sabe si vamos a sobrevivir, nosotros o alguien a quien amamos. El miedo es tan tenaz que el estado de ansiedad que genera es muy fuerte y puede ocasionar insomnio, taquicardias, sudor frío, etcétera. El miedo tiene la singularidad de que, si no lo dominas, te domina él a ti. Por tanto, hay que dejar fluir el miedo, pero solo cuando sea realmente necesario, sin dejar que guíe tu vida y la de tus hijos (por eso es tan importante no educar con gritos y castigos, ya que activamos el piloto «miedo» sin necesidad).

- **Reconocer la alegría.** Los padres debemos esforzarnos por ser alegres y por tomarnos la vida de otra manera. Solemos quedar paralizados en la tristeza, sin asomar la cabecita ante la vida que nos queda por vivir.

Cuando uno se toma la relación con los hijos de manera alegre, se siente lleno de energía, con ganas de comerse el mundo a bocaditos y de dejar atrás la negatividad. El cuerpo demuestra esta alegría mediante un semblante seguro, sincero y transparente, con brillo en los ojos, y las demás personas así te perciben. ¿Cuánto cambiaría tu vida diaria con tus hijos si te relacionaras con ellos sintiéndote alegre, vivaz, con positivismo y energía, en vez de con tristeza y negatividad?

Debes acostumbrarte a ponerle nombre a cada emoción en el momento en el que la estás sintiendo. Por ejemplo, estáis haciendo una pizza en la cocina y tu hijo, al poner la salsa de tomate, ¡zas!, te mancha sin querer la camisa blanca. Como padres, debemos resguardar a nuestros hijos de nuestra explosión de emociones si van a aportarles cosas negativas. Por lo tanto, en este caso, antes de estallar con rabia de cualquier manera, coge aire profundamente, mantén el semblante pausado y ponle nombre a lo que estás sintiendo y al motivo. ¿Qué me pasa y por qué?

Es importante que cuando estás reconociendo lo que te pasa hagas un esfuerzo por empatizar con la otra persona —tu hijo solo ha abierto el tomate con más fuerza de la que debería— y que no emitas juicios sobre él.

Debes recordar que los únicos responsables de lo que sentimos, de cómo lo sentimos y de lo que hacemos cuando lo sentimos somos nosotros mismos. En nuestras manos está conectar con nuestras emociones, nuestros intereses y nuestras ideas y las del otro, para poder vivir mejor, tanto nosotros como nuestros hijos.

En el ejemplo del tomate, si has logrado rebajar tu nivel de ira, reconocerla, respirar y expresarte de manera sosegada, puedes decirle a tu hijo que no ha pasado nada, que eso le ocurre a cualquiera, y ofrecerle tu ayuda para la próxima vez que veas que le cuesta mucho abrir algo. Puede, por otro lado, que no logres rebajar lo que sientes —es tu camisa preferida y, como temes que la mancha no se quite, te has enfadado mucho—, pero, antes de explotar y de decir cosas de las que luego te arrepentirías, te escapas unos minutos de la cocina y luego dices sinceramente lo que te ha pasado.

Siempre digo a las familias que este consejo de salir fuera del contexto cuando veamos que somos incapaces de retener nuestra emoción se considere el último de la lista, ya que, si siempre estamos saliendo de la situación, nunca buscaremos recapacitar sobre la emoción en sí. Por eso, solo utilizaremos este recurso cuando nos sea imposible hacerlo de otro modo mejor.

Para conocer tus emociones, debes controlar también tus pensamientos. Aunque no se sepa con certeza el tipo de conexión que existe entre el cerebro racional y el cerebro emocional, sabemos que, cuando nuestros pensamientos se esfuerzan, cambian o relajan la emoción. Por lo tanto, hablando a tus propios pensamientos, los moldearás para manejar diferentes situaciones, esforzándote por ser positivo —por ver el vaso medio lleno—, y podrás conectarte a tus emociones y tus sentimientos para, a partir de esta unión, establecer una relación correcta con tus hijos y con el resto de la gente.

Recuerda que las emociones crean nuestra personalidad a diario y que tus hijos se miran en ti como si fueras un espejo. ¿Qué mejor manera de dar un buen ejemplo a tus hijos que canalizar correctamente tus emociones?

HERRAMIENTAS PARA CONTROLAR TUS EMOCIONES

Es imposible conocerte totalmente a ti mismo si reaccionas de manera primitiva e impulsiva cuando sientes tus emociones. Está claro que hay que expresarlas —ya sabemos las nefastas consecuencias que supone reprimirlas—, pero cuando somos adultos debemos aprender a expresarlas de manera empática y no violenta ni irreflexiva.

El éxito en nuestra vida, en todos los sentidos, depende en gran parte de cómo nos expresemos emocionalmente.

Hay muchas cosas que podemos hacer para controlar nuestras emociones y para que, sin reprimirlas, se expresen de forma más pausada. Te dejo las que creo más importantes y que, además, pueden jugar un papel vital en una situación compleja con los hijos:

- **Descansar y dormir correctamente.** Parece una simpleza, pero lo cierto es que cuando no dormimos bien o no descansamos lo suficiente perdemos los nervios con facilidad. Bien es verdad que cuando tienes hijos, sobre todo cuando son bebés o muy pequeños, resulta difícil dormir bien. Esto es algo de lo más normal, ya que los niños no tienen nuestras mismas fases de sueño y por la noche nos necesitan —están programados así— para asegurarse de que su cuidador está cerca, protegiéndolos y queriéndolos. Entonces, la tarea de descansar se vuelve un poquito más complicada. No obstante, debemos intentar reponer todo el sueño que sea posible para afrontar así nuestras emociones de otra forma.
- **Alimentarse bien.** Comer de forma sana y equilibrada también es crucial. Nuestro cuerpo no funciona igual a base de cafés, bebidas azucaradas, chocolates y sopas de sobre que con zumos naturales y agua, frutas, verduras y caldo casero. Nuestra alimentación se encarga de mantener bien engrasada nuestra maquinaria, así que tener el objetivo de comer adecuadamente nos ayudará con nuestras emociones.
- **Pasar por el colador.** A esta técnica la he llamado así porque cumple la función de filtrar las emocio-

nes. Es muy eficaz para controlarnos en los momentos en los que la impulsividad, la ira y la impotencia nos dominan sin compasión. Imagina que tus hijos no quieren vestirse, se hace tarde para ir al colegio y, por consiguiente, llegarás tarde al trabajo. Si, en vez de dar rienda suelta a tu rabia y permitir que se apodere de ti, primero pasas todos tus pensamientos por el colador, podrás ver la situación con más calma.

No se trata de reprimir lo que sientes cuando lo sientes, sino de pasarlo antes por este colador, que tendrá el cometido de purificar esos pensamientos y esas emociones efusivas, convirtiéndolas en más equilibradas, gracias a que hace de filtro. Debes enviar al colador todo lo que esa emoción te haga sentir, decir y pensar, y así, mientras lo envías, expresas aquello que sientes con el pensamiento, en lugar de decirlo en voz alta. En el caso del ejemplo, si has pensado: «Me tienen harta, de verdad. ¡Qué pesados son estos niños! No puedo más», en vez de decirlo, pásalo por el colador. Permítete sentirlo y experimentarlo, pero dentro de tu mente. Este filtro te servirá de limpieza y así serás capaz de expresar tu emoción de forma un poquito más sosegada, quizás diciendo: «Venga, chicos, ¡que en equipo conseguiremos llegar prontito!».

Es cuestión de ser consciente en cada momento de lo que sentimos, de pasarlo por el colador y de procesarlo, para que luego salga de un modo coherente.

Hay que practicar diariamente con el colador.

Luego, poco a poco, nos irá haciendo menos falta, ya que conoceremos tanto nuestras emociones que aprenderemos a expresarlas de manera natural, como si las hubiésemos pasado previamente por este filtro.

- **Buscar soluciones.** En vez de quedarte paralizado y dominado por tu emoción, pregúntate qué soluciones puedes ofrecerte a ti y a tus hijos ante esa situación. Sé creativo y piensa: seguro que ves mucho más allá de lo que eras capaz de ver con tu enfado.

- **Respirar de forma consciente.** No valoramos nuestra respiración lo suficiente. Es algo tan natural en nuestra vida que no establecemos una relación responsable y auténtica con ella.

  Sin respirar, dejamos de vivir. Ya va siendo hora de darle la importancia que merece, ¿no? Cuando uno se responsabiliza de su respiración, es capaz de reconocer su emoción y de manejarla de algún modo a través de ella. Si, cuando tienes prisa porque llegáis tarde, respiras profundamente, a buen ritmo, notando en tus pulmones el aire que te da la vida, sintiéndote afortunado de lo que tienes y de lo que eres, las prisas quedarán en un segundo plano y, aunque sigas lleno de rabia o de frustración, como las penas son menos penas cuando se respira bien, lograrás expresarte de otra manera.

- **Dejar los dramas para el teatro.** Muchas veces, en las situaciones tensas con nuestros hijos, dominados por nuestras emociones incontroladas, tendemos a hacer un drama de un granito de arena. Se rompe un vaso que a nuestro hijo se le ha caído sin querer y montamos en cólera; llevamos el problema mucho más lejos de lo normal; solo sabemos quejarnos; de un tema pasamos a otro, y estamos una hora soltando improperios sin parar. Dejemos los dramas para los actores y sepamos frenar con antelación. Imagina un STOP enorme cada vez que la situación se te vaya de las manos, respira y deja a un lado las dramatizaciones.

- **Mantener silencio.** Así como hemos aprendido que cuando no sepamos hacerlo de otra forma nos retiraremos de la situación para no estallar delante de nuestros hijos, también tenemos que educarnos en el silencio. A veces no podremos hacer otra cosa más que estar callados, escuchar, reflexionar, respirar e integrar nuestro cambio de actitud.

  Mientras sientes este silencio, todo va fluyendo por el colador y las emociones van pausándose y cogiendo el sentido común que se merecen, por tu bien y por el de quienes te rodean.

- **Mirarse.** Cuando estamos enfurecidos, hay ocasiones en las que optar por mirarnos en un espejo viene muy bien para darnos cuenta de la bestia en la que nos hemos convertido ante esa situación: una dosis de realidad que nos haga cambiar el semblante y mirar a nuestros hijos a los ojos, siendo quienes somos en realidad. Después de esto, estaremos preparados para transformar el desenlace.

- **Relajarse.** Hasta que integres todos estos cambios (o hasta que tú quieras), estaría genial que cada noche, al irte a la cama, hicieras unos ejercicios de relajación. No hace falta que sean muy largos: simplemente cinco minutitos de tu tiempo para cerrar los ojos, escuchar o imaginar una música bonita, dejar fluir todos los pensamientos que hayas tenido durante el día, perdonarte a ti mismo por haberlos sentido, si te hicieron daño a ti o a tus hijos, y comprometerte en implicarte un poquito más cada día para ir mejorando, sin culpas ni arrepentimientos invasivos, pero con el claro objetivo de cambiar los comportamientos impulsivos o dañinos que tus emociones generen en ti y, en consecuencia, en tus hijos.

- **Vivir sin rencor.** Si, después de haber vivido un momento de conflicto con tus hijos, te quedas anclado en el resentimiento, es imposible llegar a tener una relación basada en la confianza mutua. Debes trabajar para deshacerte de esta desazón y para mirar hacia delante con positividad.
- **Buscar ayuda.** Si ves que tienes muchos malos hábitos adquiridos, es posible que necesites una ayuda más completa para aprender a reconocer tus emociones. Puedes practicar alguna técnica, como el kundalini yoga, o realizar algún deporte que te ayude a descargar los nervios. También puedes optar por hacer terapia o algún curso que te dé el empujón que necesitas. Son muchas herramientas de golpe, lo sé. Empieza por la que más te urge poner en práctica, y ve añadiendo otras conforme vas avanzando.

Manejar la ira en momentos emocionalmente intensos con los hijos

Por supuesto, debes poner en práctica todas estas herramientas en las situaciones algo más conflictivas con tus hijos, pero, además, quiero enseñarte algunas más concretas que, utilizadas con motivación, suponen un gran cambio en la relación con los hijos.

Para empezar, es importante recordar que no todos los problemas tienen solución. Por ejemplo, resulta que a tu hijo de 17 años se le ha roto el motor de la motocicleta y no hay solución viable: se tiene que quedar sin ella, ya que de momento no se puede comprar otra. Ante esta dificultad, tanto nosotros como él solo podemos dar a cada emoción el protagonismo que merece y tratar de utilizar sistemas para que ninguno de los dos se haga daño a sí mismo ni al otro.

La escucha activa tiene un papel fundamental en la relación entre padres e hijos, como vimos en el segundo capítulo. Cuando estés en una situación complicada con tus hijos, intenta centrarte en sus motivos, escucha lo que tienen que decirte, escucha lo que necesitan y el motivo de su enfado o su frustración y, mientras, pasa tus pensamientos por el colador. De esta manera, escucharás antes de dialogar y utilizarás estos instantes para frenar tu enfado y a la vez el suyo, ya que con buen ejemplo, empatía y amor se consiguen grandes logros con los hijos.

En otras ocasiones, nos irá bien tratar de visualizar el futuro; es decir, dejar volar la imaginación e imaginarnos nuestro futuro más cercano. Nos observaremos cenando tranquilamente con nuestros hijos, pensando que todo en esta vida tiene solución, menos de lo único de lo que no podemos zafarnos, y que no vale la pena enfadarse ni frustrarse de manera desorbitada, porque esto crea piedras en el vínculo entre ellos y nosotros. Por ejemplo, vas de viaje en tren con tu hijo y estáis rodeados de gente con traje que trabaja en su ordenador. Tu hijo, que tiene 5 años, juega, canta, toca todo lo que pilla de los asientos, el reposapiés, los reposabrazos, y los sube y los baja sin parar, juega con sus juguetes, se tira por el suelo... En esta situación, primero deberíamos separar lo que es normal en un niño y lo que no, y pensar cómo se puede adaptar la situación a él y no al revés; es decir, cómo ayudar a este niño para que esté lo más cómodo posible en un entorno puramente adulto, cómo no machacar sus necesidades y las cosas comunes en un niño, prohibiéndole algo que por su propia naturaleza no puede dejar de hacer, como moverse. Además de esto, de la comunicación positiva y de aquellos límites reales que creamos convenientes —lógicamente, evitaremos que meta los dedos en los enchufes que hay entre los asientos para cargar el móvil—, hay que gestionar esta situación que como madre o como padre te genera, porque estás a punto de perder los nervios, te da apuro lo que piensen y te agobia que no se esté quieto. En ese momento, respiras profundamente, pasas tus ideas por el colador e intentas pensar en el futuro cercano. Te visualizas al llegar a casa, el reencuentro con su hermana y con su padre, a los que les contáis vuestra aventura a solas, y ves que nada hay más importante que el amor que los cuatro os profesáis.

Con niños de todas las edades, podemos utilizar una

herramienta muy poderosa, que yo llamo «pienso bonito». Se trata de pensar en un momento que hayamos vivido con nuestros hijos, aunque también es válido uno que nos gustaría vivir —mi visualización sería, por ejemplo, ir con mis hijos en barco a ver las ballenas jorobadas (las preferidas de mi hijo) nadando libres en su hábitat— con cada uno de ellos, escoger el más preciado para ti y que más amor te aporte e ir a buscarlo en tu mente cada vez que pierdas los nervios con ellos. Al recordar e imaginar, tus nervios ceden y tus hormonas se encargan de hacer lo demás. Muchas personas a las que ayudo en estos procesos optan por llevar siempre encima una foto de alguna de las experiencias con sus hijos o un recorte de periódico de algo que anhelan hacer con ellos. Cuando se encuentran en una situación compleja con sus hijos, lo sacan rápidamente y lo miran. Ahora puede parecerte un tanto complicado, pero te aseguro que, cuando lo practicas mucho y bien, no te hará falta sacarlo físicamente: te bastará con visualizarlo. La técnica es formidable y, si se ponen ganas, te ayuda a transformar la frustración en amor en cuestión de segundos. En el caso del tren, cuando ves que estás a punto de explotar, que el histerismo te puede y te gustaría coger a tu hijo fuerte del brazo, llevarlo al pasillo que hay entre los vagones y decirle bien clarito —como hacía tu padre contigo cuando «te portabas mal»— por qué no debe hacer lo que hace, metes la mano en el bolso, sacas la foto escogida y ves la primera que os hicisteis juntos, el día de su nacimiento, y eso te teletransporta a ese 13 de julio y piensas que no hay nada más absurdo que discutir con un hijo por cosas que tienen fácil solución. Entonces estás preparada para afrontar la situación de otro modo.

Unida a esta técnica, tenemos la «jarra de agua fría», que consiste en pensar en algo que te lleve a la realidad más inamovible que tenemos, para valorar la vida de tus hijos y la tuya propia y ver que no vale la pena vivir en una pelea constante, sino todo lo contrario, ya que lo único que queda al final del camino es el amor. Si estás gritando más de la cuenta y la situación se te está yendo de las manos, para rebajar tu ira recuerda a ese niño que —según leíste— necesita un donante de médula para poder vivir, tu miedo cuando tu hija tenía tanta fiebre y lo único que te importaba en ese momento era que le bajara, a ese vecino que perdió a su hermano en un accidente de tráfico... No son solo fatalidades, sino realidades que viven muchas personas y que en ciertos momentos nos pueden abrir los ojos y ayudarnos a vivir plenamente y a apreciar lo que tenemos.

Cuando nuestros hijos tienen más de 3 años, hay algo muy sencillo de utilizar, a la vez que útil, denominado «el gesto familiar». Se trata de pactar un gesto (por ejemplo, un beso en la mejilla) y que, cuando nuestros hijos observen que estamos perdiendo el norte con nuestras emociones, hagan ese gesto. Esto consigue que nuestra ira baje con su ayuda. Por supuesto, no queremos que nuestros hijos tengan que estar utilizando esta herramienta todo el día y por eso debemos esforzarnos diariamente para reducir la intensidad y el número de enfados. Imagina que, en el tren, la situación se te ha ido de las manos, empiezas a decirle que te tiene harta, que basta ya de jugar, que está en un tren y no en un parque. Se te acelera el corazón, te sudan las manos y se te tensa la mandíbula. Entonces tu hijo, al verte, te besa en la mejilla. Es un pacto que solo sabéis vosotros dos. Si alguno pierde los nervios, el otro le recuerda su amor con este gesto y se encarga de aportar sentido común y equilibrio a la situación. Tú, aunque todavía estás furiosa, empiezas a calmarte y a gestionar la situación de otro modo.

Por último, para completar todo este gran trabajo de crecimiento personal y familiar que has emprendido con tus emociones, te propongo crear tu «Guía emocional». Consiste en ir escribiendo cada noche en un bloc de notas los momentos en los que ese día han salido a flote tu rabia, tu ira, tu miedo, tu enfado o tu frustración. Pon lo que has hecho en esa situación, las herramientas que has utilizado y los pensamientos que te vinieron a la cabeza en ese instante, por feos que te parezcan, y cómo lo harías ahora, cuando ya no sientes esa emoción: en definitiva, todo lo que te ayude a liberarte y a reanudar el proceso con motivación y autoestima al día siguiente, cuando vuelva a aparecer una situación que te desestabilice.

Ya ves que controlar las emociones nos dará la clave para equilibrar nuestro árbol, así que ponle un llavero bonito.

CÓMO AYUDAR A NUESTROS HIJOS
A CONOCER SUS EMOCIONES

Ahora que ya sabemos lo que tenemos que hacer para llevar nuestras emociones lo mejor posible, estamos preparados para acompañar las de nuestros hijos y ayudarlos a conocerlas, y también para entender lo que están sintiendo, cómo y por qué.

Es importante tener en cuenta que nosotros no podemos controlar las emociones que experimenten, ya que son suyas: las sienten como las sienten y las experimentan de manera única y personal.

No obstante, está en nuestras manos guiarlos hacia el entendimiento de sus emociones y, de esta forma y observando cómo nosotros controlamos y apreciamos las nuestras, aprenderán a gestionar las suyas según el momento o la situación.

La libertad de expresión

Como ahora sabemos, para el correcto desarrollo intelectual y social de nuestros hijos y para mantener el bienestar emocional, es muy importante que no reprimamos sus emociones y los dejemos expresarse libremente.

Cuando se impide a un niño manifestar sus sentimientos, no se le quita lo que siente —lo va a seguir sintiendo—, sino que, simplemente, se lo reprime y coarta a la hora de expresarlo, pero sus sentimientos continuarán siendo los que son.

Cuando nuestros hijos no pueden expresar sus emociones y sus sentimientos, los van acumulando, como si fuera un globo que se infla y se infla hasta que explota y, junto a esta explosión, se genera una sensación de angustia incómoda y difícil de quitar.

Hoy en día, parece que solo sean aceptados, comprendidos y escuchados los niños que expresan alegría, felicidad, tolerancia, positividad... Sin embargo, cuando los niños necesitan expresar rabia, celos, pena, etcétera, entonces se los cohíbe y se los reprime, porque estas emociones no se aceptan socialmente.

¿Cómo van a entender sus emociones y a tener una buena autoestima si algunas de sus emociones están mal vistas?

Cuando pueden expresar sus sentimientos, los niños son capaces de recuperarse antes de lo que están experimentando. Además, se sienten reconfortados, porque se dan cuenta de que pueden estar cómodos expresándose, de que nadie los va a reprimir ni a juzgar, y experimentan satisfacción y paz al sentir sus propias emociones, al controlarlas, al conocerlas, al vivir esos momentos plenamente y al resolver sus propios conflictos con responsabilidad y personalidad, siendo quienes quieren ser en realidad.

Supongamos, por ejemplo, que tu hijo de 7 años ha perdido su muñeco preferido cuando ibais por la calle y no os disteis cuenta. Al llegar a casa, llora, grita, patalea y da golpes a la pared, porque comprobáis que el muñeco no está por ninguna parte. Lo que debes hacer es permitir que sienta lo que siente. Decirle que vas a comprarle otro, que no pasa nada, que con llorar no se arregla la situación o que los niños valientes no lloran es erróneo, dañino e incoherente. Los niños tienen todo el derecho a frustrarse, a enfadarse y a llorar, y como padres debemos sostenerlos y empatizar con su forma de sentir.

De este modo, integrarán que, como seres humanos, las emociones están presentes todos los días y que son naturales y positivas, ya que forman parte de nuestro yo, aunque en algún momento no sean agradables.

Un sinnúmero de teorías y modas hablan de diferentes técnicas que se deben aplicar cuando los hijos manifiestan sus emociones. Todas ellas dejan de lado los derechos de los niños y el respeto por ellos, la empatía y el sentido común.

Por eso he querido mostrarte la manera incorrecta de actuar cuando tus hijos estén sintiendo una emoción intensa. Recuerda que todos los motivos que tienen nuestros hijos importan, sean los que sean.

1. **Centrarse en el qué dirán.** En muchas ocasiones, los padres tienden a frenar las emociones de sus hijos porque están en lugares públicos y se avergüenzan. Están más pendientes de lo que digan de ellos y de su manera de educar que de las necesidades emocionales de sus hijos. Esto suele pasar mucho en centros comerciales, en los que los niños tienen cantidad de estímulos e intereses y puede que se enfaden, lloren, se tiren al suelo y griten pidiendo algo. No debemos perder los nervios pensando en el entorno, sino que tenemos que meternos en una burbuja y estar pendientes exclusivamente de nuestros hijos y de nadie más.

2. **Darle menos importancia de la que tiene para ellos.** Como nos sentimos angustiados por la situación, intentamos quitarle importancia, pero esto no es lo que necesitan, porque para ellos su

razón es igual de relevante que cualquier motivo adulto.

3. **Distraerlos con otra cosa.** El malestar, la ansiedad y la frustración que algunos adultos sienten cuando sus hijos están viviendo una emoción intensa, las prisas y la presión del entorno hacen que muchos opten por distraer a los niños con otra cosa distinta al motivo de su desazón. Cuando se actúa así, lo único que se les enseña es a escapar de sus sentimientos, en vez de a conocerlos, comprenderlos e integrarlos. ¿Recuerdas alguna situación en la que lo has hecho?

4. **Ignorarlos.** Los niños deben notar que estamos ahí, que los escuchamos de manera serena, tranquila y sin ansiedad ni juicios. Dejar que se expresen libremente, pero sin entenderlos ni darles apoyo, es igual de equivocado, ya que acaban creyendo que exteriorizar sus emociones no tiene nada de positivo.

5. **Sobreprotegerlos** (sin entender la sobreprotección como dar amor, atención, apoyo y diálogo, sino como una forma asfixiante de tratar a los hijos). Cuando lo están pasando mal, podemos sentir pena y también miedo, y nos dejamos llevar por este sentimiento y actuamos en consecuencia. No hay que temer lo que sientan ni por qué lo sienten, sino solo acompañar lo que están viviendo.

6. **Negar lo que sienten.** No se deben utilizar frases como «No se acaba el mundo», «No es para tanto», «Eres un exagerado», etcétera, porque esto les produce un conflicto interno entre lo que sienten en

realidad y lo que sus padres les dicen que es lo correcto. Su frustración se agrava y la sensación de incomprensión y vacío también.

7. **Utilizar el humor.** No se hacen bromas acerca del comportamiento de los hijos, ni siquiera con buena intención. Reírse de los niños y de sus emociones es otra manera de insultarlos y de faltarles el respeto. Desecha pues el gastar una broma de buen o mal gusto cuando tus hijos expresan sus emociones.

8. **Causarles miedo.** Como ya hemos visto, no debemos, entre otras cosas, atemorizar, increpar, castigar, gritar ni insultar a los hijos. Es muy habitual ver también este tipo de comportamientos cuando están expresando una emoción, por ejemplo, si se disgustan porque se les ha roto algo, no pueden comer lo que les gusta, no quieren ir al colegio, no tienen sus zapatillas preferidas, etcétera. Si, en vez de apoyarlos, les haces sentir que son seres despreciables, ellos aprenderán a huir de sus emociones, a despedirse de ellas, ya que dejarán de expresarlas por temor a la reacción de sus padres.

Acompañamiento emocional correcto

No hay que exagerar las situaciones, pero sí hay que acompañar y escuchar de manera sincera y calmarlos. Solo así aprenderán a gestionar sus emociones y a recuperarse más rápidamente de su malestar.

El punto anterior ya te ha dado muchas pistas sobre

lo que hay que hacer. A veces, cuando vemos los puntos negativos, encontramos en ellos la respuesta que buscamos. No obstante, quiero ofrecerte algunas pautas específicas para saber qué hacer cuando te hayas deshecho de los procedimientos inadecuados.

- **Amabilidad y reconocimiento.** Hay que ser amables y comprensivos con sus sentimientos y sus emociones y también hay que ayudarlos a reconocerlos. Si están enfadados, hay que comunicarles que se trata de un enfado; si están tristes, hay que hablarles de la tristeza, etcétera. Hemos de ayudarlos a poner nombre a cada emoción y a cada sentimiento. Si tu hija de 3 años llora porque no quiere ir al colegio —y pensando en lo que aprendimos en cuanto a los límites—, sabes que es algo que por logística no puedes remediar y solo te queda ofrecerle tu apoyo, actuar con amabilidad, dejarla sentir, bajar a su altura, mantener contacto físico (si así lo desea), decirle que entiendes que está enfadada y que no puedes hacer otra cosa, pero que la quieres, la amas y estás allí para lo que ella necesite, aunque ir al cole es algo que no puedes evitar. La abrazas y sientes su emoción tan cerca como si fuese tuya. No hay color entre acompañar una emoción y no hacerlo, ni para el adulto ni para el niño.
- **Ofrecer protección sin frenar su miedo.** Ya hemos visto que no debemos educar fomentando el miedo, porque es dañino a muchos niveles. Pues bien, tampoco debemos educar a los hijos para que no tengan miedo —sería injusto e irreal— ni intentar

disfrazar el miedo que sientan en un momento determinado o en una situación concreta. Te pongo un ejemplo relacionado con mi hijo Uriel, de 5 años. Durante el puente de diciembre estuvimos en Madrid y una tarde, paseando por la Plaza Mayor, vimos a un montón de personas que se disfrazan de personajes, como Mickey y Pikachu, por ejemplo. Aunque mi hijo no es muy amigo de estas cosas, miraba con curiosidad. En un momento dado, vimos a una persona disfrazada de Chucky, el muñeco diabólico. Mi hijo se quedó paralizado, se tapó los ojos y empezó a chillar y a sudar. «Vámonos. Por favor, vámonos.» No exagero si digo que casi estaba hiperventilando. Nos fuimos inmediatamente, buscamos un lugar «seguro», sin personajes, lo abracé con todas mis fuerzas, lo besé, le sequé las lágrimas y le dije que lo entendía, que es normal tener miedo —tan normal como sentir alegría— y que sus padres y su hermana estaban ahí, a su lado. Cambiamos de planes y decidimos cenar tranquilamente en el apartamento para que mi hijo fuese cogiendo seguridad poco a poco y se sintiera protegido. No hubiese tenido ningún sentido obligarle a continuar paseando por allí.

- **Contrarrestar.** Algo muy útil es ayudarlos haciendo nosotros casi lo opuesto, siempre que hayamos reflexionado sobre ello. Si tu hijo está gritando, dirígete a él con un tono de voz sereno, tranquilo, bajito, pero que se oiga sin problemas. Si está enfadado, no pongas cara seria, preocupada ni enfadada, sino mantén un semblante de paz y de coherencia: es el mejor apoyo que le puedes dar, junto al resto de las herramientas.

- **Utilizar recursos adultos.** Una vez acompañada la emoción, puedes utilizar cualquiera de las herramientas que te expuse para controlar tus emociones, para ayudar a tus hijos, como enseñarles a conocer su respiración, hacer deporte, pintar lo que les haya sucedido, etcétera. Primero, siempre mediante el ejemplo; segundo, estas pautas deben ser acordes a la etapa de desarrollo en la que se encuentren, y, tercero, sin obligar jamás, simplemente ofreciendo, día tras día, con paciencia, entendimiento, apoyo y comprensión.

Cuanto mejor acompañadas estén estas emociones, menos durarán en tiempo y en intensidad estos momentos críticos. Como dice Aleta Solter, doctora en psicología, especialista en biología humana y discípula del conocido Jean Piaget: «Un buen acompañamiento emocional los ayudará a volver a la normalidad sin traumas».

Qué hacer si tus hijos pegan o insultan cuando se enfadan

Algo que preocupa mucho a las familias es qué hacer si sus hijos expresan sus emociones pegando, insultando, mordiendo o dando patadas (y demás variantes) a sus padres.

Estas familias se llevan las manos a la cabeza y se espantan ante este hecho, porque están acostumbradas a la cultura de «a los padres no se les pega» o porque temen perder su figura de autoridad.

Hay dos tipos de niños que actúan así: los que lo hacen porque nunca han sido acompañados como realmente necesitaban —entonces llega un punto en el cual, al expresarse, sacan a relucir sus carencias emocionales— y los que simplemente están en la etapa de expresar de un modo más primitivo su frustración, su rabia, su ira o cualquier emoción intensa. En ambos casos, lo que debemos hacer es respetar, empatizar y guiar. De todos modos, con los primeros también podemos valorar los cambios que se estén produciendo en su entorno para que, quizá, estén más agresivos o nerviosos, como variaciones en su grupo de amigos o problemas con estos, dificultades de comunicación con algún profesor, el nacimiento de un hermano, el divorcio o la separación de los padres, etcétera.

Si intentas zanjar esta situación con más violencia, no solo no vas a poder solventarla, sino que, además, harás la pelota más y más grande. Si lo haces con miedo o con sumisión, tampoco, porque entonces no lo ayudarás a entender que en la vida no todo es siempre como queremos, que debemos afrontar las adversidades con coherencia y equilibrio.

A continuación, algunas pautas sencillas que puedes seguir en esos momentos:

- **Empatiza.** ¿Qué le pasa? ¿Entiendes su emoción?
- **Mantente cerca,** que sienta tu apoyo.
- **Eres su guía y no un juez.** Tan importante es lo que siente como su motivo, así que no invadas su espacio emocional.

- **No utilices la violencia verbal ni la física** para intentar detener sus maneras, porque lo único que conseguirás es agravar la situación.
- **No lo quieras todo ya.** No puedes hacer que pare cuando tú quieras ni de la forma en la que te gustaría; por tanto, indícale el camino. Si se está haciendo daño o te lo está haciendo a ti, frena su agresividad, pero sin ser agresivo tú. Impide con suavidad que su mano te haga daño y dile que lo entiendes y que poco a poco se le irá pasando la rabia que siente, que todo volverá a estar bien, que puede expresarse libremente, pero sin dañar.
- **Relaja la ansiedad que te genera.** No te tomes el momento que está viviendo como algo personal contra ti. Hasta que no logres separar lo que tú sientes de lo que siente él, no podrás acompañarlo como necesita ni gestionarlo de la mejor manera.

Tus hijos no son tus enemigos. Piensa que esos momentos pasarán y seguirán siendo tus hijos para toda la vida, que lo que prevalecerá será tu templanza, tu amor y tu cariño en estas situaciones, y lo que les dará las herramientas para vivir la vida que realmente quieran vivir.

Paso a paso para comprender tus emociones y las de tus hijos

Cuando estén en una situación en la que necesiten ser acompañados emocionalmente y tú quieras cerciorarte de actuar como necesitan, de manera justa, real, sincera, cariñosa y empática, puedes formularte las siguientes preguntas:

- ¿He logrado dejar a un lado lo que yo siento?
- ¿Es mi gesto correcto y empático?
- ¿Tengo un tono de voz positivo y amoroso?
- Cuando mi hijo llora con libertad, ¿estoy a su lado, comprendiéndolo y ayudándolo con amabilidad?
- ¿Puede equivocarse con libertad?
- ¿Se estará sintiendo criticado, increpado o ignorado?
- ¿Estaremos quitando importancia a sus emociones o a sus motivos?
- ¿Le estoy ofreciendo contacto físico si lo necesita o estoy aceptando que no lo necesita?
- ¿Estoy juzgándolo o apoyándolo?

Los niños y los adolescentes tienen derecho a sentir lo que desean en realidad y expresarlo libremente. Los padres debemos guiar a nuestros hijos hacia el conocimiento de sus emociones, para que estas expresiones sean cada vez más coherentes y más conscientes.

Solo si acompañamos las emociones de nuestros hijos, tendrán confianza en sí mismos y en nosotros.

5

COPA

Vive en armonía con tu entorno
y con las opiniones de los demás

Y lo que opinen los demás está de más.

JOSÉ MARÍA CANO, Mecano

Cuando nos han educado con castigos, gritos, exigencias y tratos que nada tienen que ver con lo que necesita una persona en pleno desarrollo, nos vemos aferrados por garras potentes de las que nos cuesta librarnos: las temibles garras de los demás.

Cuando desde niños arrastramos poca autoestima y una necesidad constante de aprobación, en nuestra vida adulta nos cuesta mucho zafarnos interior y emocionalmente de lo que opinen los demás. Buscamos aprobación cuando nos compramos un coche, cuando apuntamos a los niños a un colegio determinado y hasta cuando nos ponemos una prenda de ropa que está de moda.

Cuando quieres educar a tus hijos como realmente necesitan, de la manera en la que cada una de las partes de nuestro árbol te ha enseñado, sabes que, de algún modo, vas a contracorriente. Por norma general, todo el mundo se mete en la vida de todo el mundo y, hagas lo que hagas, siempre te encontrarás con personas que intentan dirigir tu vida y la de tus hijos, pero si, además, respetas a tus hijos, acompañas sus emociones, los comprendes y les das amor, estás crucificado.

Es curioso cómo somos los seres humanos: vemos raro lo normal y nos parece normal lo que debería ser inusual. Llevar a un bebé en un carro tapado hasta arriba y sin contacto visual ni con su madre ni con el mundo que le rodea está bien visto, pero que su madre lo lleve en una mochila ergonómica, abrigadito y abrazadito, está mal visto y, además, despierta cuchicheos por todas partes. Qué incongruente, ¿verdad?

Esta sociedad no está preparada para los niños y sus necesidades, ya que parece no querer evolucionar y seguir eternizando una educación basada en la sumisión y en las carencias emocionales de las personas.

La base de todo es respetar

Yo respeto, tú respetas, él respeta, nosotros respetamos, vosotros respetáis, ellos respetan. Este debe ser tu lema con tus hijos y con el resto de los mortales. El respeto y la empatía son la base de todas las relaciones. Cuando comprendes al otro, todo fluye. Cuando te pones en su piel, todo fluye. Cuando respetas las maneras de los demás, todo fluye.

Es curioso que, en el mundo de las críticas a la educación y a la crianza de los hijos, las personas que más critican, las que más hablan y las que defienden su postura con uñas y dientes, aunque sin ningún argumento lógico, científico ni meditado, suelen ser las que no educan respetando las necesidades reales de los hijos, lo cual demuestra cierta o mucha inseguridad por su parte: parece que necesitan anteponer sus maneras para sentirse realmente seguras de lo que hacen, sin respetar al otro.

Quienes educamos con respeto y coherencia no necesitamos imponer nuestras formas de hacer; simplemente, nos dedicamos a aportar a nuestros hijos todo lo que podemos, a superar cada día los fantasmas de nuestra infancia y a poner de nuestra parte, errando, mejorando y con un objetivo claro: ser felices junto a nuestros hijos. Cuando una vecina nos comenta que ha castigado a su hija sin ir a la competición de natación, no la increpamos ni la avasallamos, no le hablamos de las consecuencias negativas que eso conlleva para su hija y para la relación con ella, sino que simplemente la dejamos fluir, la respetamos. En cambio, si tu hijo tiene una rabieta y tú estás acompañando sus emociones, seguro que oyes a tus familiares, amigos y conocidos decir que le des un cachete, que te está tomando el pelo, que llore y que ya se le pasará, etcétera. Tan injusto como real.

Cuando logres integrar el respeto en tu vida cotidiana, entenderás las carencias de quienes te critican y, además, no les darás ninguna importancia, porque advertirás que ellos no son así porque quieran hacer daño, sino porque todavía no se encuentran en el momento de su vida en el que abren los ojos y pueden avanzar. Empatizando con estas personas y comprendiendo sus limitaciones, serás más feliz y estarás seguro de lo que haces.

Recuerda que para, que tus hijos se respeten a sí mismos y respeten a los demás, tú debes dar el ejemplo.

El único responsable de la felicidad, la educación, la seguridad y el bienestar de tus hijos eres tú, tú y tu pareja o expareja —en el caso de que la tengas—, y, cuando posean una buena base, ellos mismos.

Por lo tanto, aunque muchas personas se crean con la libertad de opinar, no dejes nunca que te hagan sentir mal ni que te influyan a la hora de educar a tus hijos.

Si educas con coherencia y sentido común, tus cimientos, tus valores y tus creencias no deben tambalearse porque un tercero opine lo contrario. Sigue tu instinto: tu interior manda en cuanto a la relación con tus hijos, pero tu yo más profundo y no las capas que lleves por encima.

PAUTAS PARA SUPERAR LAS CRÍTICAS Y LAS OPINIONES AJENAS SOBRE TU MANERA DE EDUCAR

Algunas veces, las críticas o las opiniones alcanzan unos niveles un tanto incómodos y violentos por parte de quien las formula, que se entromete en tu vida, en tus decisiones y en tu manera de educar y te falta al respeto, aunque te lo diga de manera amable y opine sin ser invitado a hacerlo.

Cuando las recibes, acabas dando alguna mala contestación que otra, así que el ejemplo que damos a los niños con estas actitudes va totalmente en contra de lo que —por lo que hemos visto— debemos aplicar.

Por eso te ofrezco algunas herramientas sencillas para todo este proceso de superación de lo que digan los demás.

Generales

- **Trabaja para lograr una buena autoestima.** Tu autoestima desempeña un papel importante a la hora de afrontar las críticas. Debes quererte a ti mismo para tomar decisiones con firmeza y no tener miedo de quién eres, y para luchar por tus sueños y los de tus hijos. Cuando te quieras con tus defectos y tus virtudes y sepas sacar de ellos el mejor partido, podrás superar los juicios externos de manera madura y serena, sin dudar ni acabar cediendo ante cosas que en realidad no quieres para tus hijos ni para ti.

- **Forma parte de un grupo.** Compartir con personas que piensan igual que tú es muy positivo para tu salud emocional. Charlar, reírte, contar experiencias, intereses, etcétera. Esto te mantendrá conectado con tus ideas y tendrás más paciencia y lógica cuando recibas críticas.

- **Pon límites a los demás.** Como aprendiste en «Ramas», por seguridad, salud y bienestar hay que poner limitaciones para que la relación con nuestros hijos fluya correctamente, y debemos aplicar la misma norma con los demás: marcar hasta dónde vamos a permitir que se metan. Con una respuesta, un gesto, una mirada o una decisión, trazamos una línea invisible que los que opinan no pueden superar.

- **No frecuentes los sitios en los que te sientas más incómodo.** Es una manera más de poner límites al resto. Es muy positivo acortar y espaciar más en el tiempo las visitas en las cuales las críticas a tu manera de educar (u otros temas) te provoquen una sensación de angustia constante. Incluso, si es necesario, se interrumpen estos encuentros hasta que tengas la seguridad suficiente para reanudarlos.

Comunicativas

- **Mantén un diálogo sereno.** Cuando tengas que mantener una conversación con alguien que te haya hecho un comentario, una crítica, una opinión, etcétera, sobre tu manera de educar, hazlo de manera sosegada, sin alterarte ni perder los nervios, controlando tus emociones y teniendo claras las necesidades reales de tus hijos y la seguridad en tu propio criterio.

- **Utiliza la ironía cuando sea necesario.** Utilizar la picardía y el juego en este tipo de situaciones es útil y divertido. Por ejemplo, si te preguntan si le pides permiso a tu hijo porque te han oído preguntarle si le apetece sopa o macarrones, contestas que sí, que hasta le pides permiso para ir al baño... Se trata de darle la vuelta a la tortilla y de sacar una situación cómica bajo un manto respetuoso y coherente.

- **No discutas.** Por supuesto, no conviene hacer precisamente lo que queremos evitar en la relación con nuestros hijos. Además, no te va a aportar nada positivo.

- **No critiques.** Es preferible dejar de lado lo de «consejos vendo que para mí no tengo». No hagas lo que no te gusta que te hagan a ti.

- **Aprende a quién puedes hablar de tus hijos.** No le cuentes tu vida familiar a todo el mundo. Vuestra vida solo os interesa a vosotros. A esa vecina que siempre habla sin que se le haya pedido opinión no le cuentes que tú no castigas a tus hijos, sino que dialogas y empatizas, ya que solo va a servir para que hable más y peor.
- **No te justifiques.** No des explicaciones de ningún tipo a nadie, por cercano a ti que sea. Has de tener confianza en tus valores y en tus decisiones, sin necesidad de justificar la relación que tienes con tus hijos.

Puede que algunas críticas o comentarios te duelan más que otros; por lo general, esto depende de la persona que los realice. No es lo mismo, quizá, que tu madre te diga que por qué le preguntas a tu hijo lo que le apetece comer, ya que los niños deben ver, oír y callar, a que te lo diga una amiga de tu tía. Es probable que una crítica de tu madre te duela, te frustre y te haga dudar más de tus principios que la opinión de la amiga de tu tía.

Todo está muy relacionado con lo que vimos en «Raíces»: las necesidades debíamos tener cubiertas durante nuestros primeros años definen nuestra autoestima, así como la dependencia o no de la aprobación de los demás.

Es el momento de coger las riendas de la educación de tus hijos y de tu vida, de estar seguro de lo que haces y de cómo lo haces, para educar como realmente quieres y necesitáis.

Tú eres el único responsable de sentir firme y sinceramente que te da igual lo que piensen: los demás no importan, solo las necesidades reales de tus hijos y tú.

No permitas que nadie tome decisiones por ti. En la educación de tus hijos, decides tú (y ellos sobre sí mismos).

PASO A PASO PARA SABER QUÉ HACER CUANDO ALGUIEN CRITICA TU MANERA DE EDUCAR

Como ya hemos visto, es muy importante trabajar activamente en la autoestima personal: si nos queremos a nosotros mismos, nuestros hijos aprenderán a quererse. Sin ella, es difícil mantener la calma y la coherencia en momentos en los que somos juzgados por nuestra manera de educar o por cualquier otra cosa.

Cuando te encuentres ante estas situaciones de crítica, debes hacerte diferentes planteamientos:

Valora quién es la persona que opina sobre tu vida y la de tus hijos. Con esta valoración sabrás si simplemente sonríes y dejas pasar la situación o si, por el contrario, se necesita una aportación por tu parte. No es lo mismo que te esté hablando la cajera del supermercado que tu cuñada.

En el caso de que sea tu cuñada y tengas que continuar la conversación y quieras hacerlo, mantén un diálogo sereno, un gesto amable, cordialidad, y no pierdas tu valioso tiempo y tu tranquilidad en discutir.

No te justifiques: no necesitas explicar nada a quien sabes que no va a abrir la mente. Recuerda que no está preguntando, sino cuestionando tus formas u opinando, sin el entendimiento adecuado sobre el tema.

En ningún momento debes dejar que traspase el límite y falte al respeto a tus hijos o a ti. Eso sí: defendemos nuestro espacio con respeto; si no, estamos haciendo lo mismo que hacen con nosotros.

Que no te falte el ingenio y, si tienes que utilizar la ironía para salir del paso con la cabeza alta y los nervios a raya, lo haces: no es incorrecto, siempre que se haga con sentido del humor y con calma.

Considera seriamente hacer menos visitas, si siempre se producen estos episodios incómodos e irrespetuosos.

Si dejamos que pisoteen nuestros principios, la única moraleja que damos a nuestros hijos es que deben dejar que pisoteen los suyos. Por tanto, siempre debemos defendernos y defenderlos a ellos de juicios y opiniones ajenas que solo aporten malestar, tristeza e inseguridad.

Eso sí, nuestra defensa siempre se hará predicando con nuestros valores; si no lo hacemos y perdemos la cordura, los nervios, el respeto y la honestidad, todo lo que hayamos trabajado para mantener nuestro árbol bien nutrido y vivo no habrá servido para nada.

LA EDUCACIÓN DEL
SENTIDO COMÚN

Como has visto, en el camino de vida que emprendemos junto a nuestros hijos no hay métodos milagrosos, sino que simplemente tenemos que ser coherentes con nosotros mismos y con ellos.

Utilizando el sentido común, el amor, la honestidad, el respeto y la empatía, tenemos el éxito asegurado, como en cualquier otra relación.

No hay ni un solo estudio o investigación que demuestre que los castigos, los gritos, las amenazas, las exigencias, las manipulaciones, la autoridad, etcétera, son beneficiosos para la salud mental de nuestros hijos ni que los presente como una herramienta educativa positiva y no dañina. En cambio, existen miles de investigaciones en todo el mundo sobre las nefastas consecuencias de aplicar todo esto con los hijos y no solo en su vida, sino el impacto negativo que genera en el mundo en general.

Nuestros hijos no son nuestros, sino de sí mismos, y nuestro único papel es acompañar y guiar, dando ejemplo y apoyo, para que sean únicos y auténticos en su vida y lleguen a ser las personas que tienen derecho a ser.

Recuerda: «Toma a tus hijos tan en serio como te gusta que los demás te tomen a ti».

Gracias por acompañarme. Espero que hayas iniciado un viaje que dure toda tu vida.

PREGUNTAS FRECUENTES

Después de una primera lectura del libro, es posible que te hayan surgido varias dudas. Por eso he querido hacer una recopilación de las más comunes: para ayudarte a resolver las inquietudes que tengas.

Recuerda, no obstante, que esto de educar es un trabajo constante, ya que debemos ir adaptándonos a las etapas de desarrollo de nuestros hijos, a los nuevos retos diarios que nuestras emociones nos pongan y a los cambios en nuestra vida. Te recomiendo, pues, que releas este libro siempre que flaquees en tu propósito.

1. ¿Qué pasa si no recuerdo nada de mi infancia?

Nuestro cerebro es selectivo: elige lo que le interesa y cuando le interesa. Conforme vayas integrando todos los cambios en tu manera de educar en general y en tu vida en particular, irás recordando detalles, situaciones, momentos, etcétera, que te ayudarán a armar tu propio puzle vital. Por otro lado, puedes trabajar tu pasado desde el punto en el que empieces a recordar. Algunas personas recuerdan desde la adolescencia o cosas del colegio o de sus compañeros de clase. Se trabaja desde entonces y poco a poco se van atando cabos y añadiendo situaciones.

2. Mis padres lo hicieron bien y fui muy feliz en mi infancia; sin embargo, grito a mis hijos. ¿Cómo dejo de hacerlo?

No hace falta haber sido una persona maltratada física o psicológicamente para no haber estado bien acompañada emocionalmente. Debes revisar íntegramente el primer capítulo, «Raíces», para valorar punto por punto y ver pequeños detalles que quizá se te escapen. Nadie es perfecto y, por tanto, nuestros padres tampoco. Por otro lado, suponiendo que todo hubiera sido perfecto, habrá otros factores en tu vida que te hayan hecho estar más nervioso o estresado de lo normal y por ello acabes pagándolo con las personas que más quieres. Medita sobre tus emociones y aprende a reconocerlas y a controlarlas en los momentos tensos con tus hijos.

3. Mi infancia fue muy dura. He trabajado en ella y aun así sigo perdiendo los nervios.

Roma no se construyó en un día: fue un proceso largo, en equipo y diario. Debes tener claros tus objetivos, recordar cada día tu propósito y esforzarte por conseguirlo, poniendo en práctica las herramientas especificadas en este libro y con paciencia y constancia.

También puedes pedir ayuda externa a algún profesional del área, pero asegúrate siempre de que no sea una persona basada en el conductismo y de que tenga conocimientos de las consecuencias del abandono emocional afectivo en la infancia sobre la vida adulta y sepa trabajarlos.

4. Si me comunico de esta manera tan pausada y respetuosa con mis hijos, ¿no me faltarán al respeto ellos a mí?

Esto es como pensar que, si tu pareja te cuida y te trata de manera cariñosa y respetuosa, tú vas a faltarle al respeto. Lo único que aprenden los hijos cuando los respetan es a respetar. Que no te dé miedo tener una relación de igual a igual, de persona a persona, con tus hijos, porque de eso se trata.

5. Tanto amor, ¿no los hará débiles?

El amor, el respeto, el sentido común y la coherencia no hacen débil a nadie: al contrario, es la mejor manera de preparar a los hijos para la vida.

6. Hemos tenido otro hijo. ¿Cómo enfrentamos esta nueva etapa con respeto?

La llegada a la familia de un nuevo miembro se debe preparar desde que sabemos que la familia va a aumentar. Por otro lado, cuanto más pequeño sea el primer hijo, menos preparado estará para compartir a sus padres. Por tanto, esta etapa se prepara con mucho cariño, respeto y, ante todo, acompañamiento emocional, entendiendo sus momentos intensos y de enfado —que los habrá—, unos momentos en los que reclame su espacio y nuestra atención, momentos de llanto y de tristeza, así como los momentos felices, que son los que más abundarán. Mucha paciencia y empatía. Todo pasa.

7. ¿Cómo es posible que los hijos aprendan, si sus actos no tienen consecuencias?

Cuando las consecuencias son impuestas, en realidad los hijos no aprenden nada, sino solo que no han cumplido con las expectativas de sus padres o sus educadores.

Si no han hecho los deberes, los suspenden y sus padres los castigan, la moraleja que extraen es que se han quedado sin salir. Sin embargo, cuando dejamos que las consecuencias de sus propias decisiones sean naturales y lógicas, aprenden a tomar las decisiones correctas. En este caso, si no hacen los deberes y los suspenden, esa será la única consecuencia lógica que les habrán hecho aprender: que han suspendido. Y, por tanto, les ayudaremos a integrar sus propias reflexiones y motivaciones.

8. Mi hija es muy tímida. ¿Qué puedo hacer para que cambie?

No debe cambiar: ella es así. Si la obligamos a cambiar, estamos intentando que sea alguien que no es por el simple hecho de encajar en la sociedad. La mejor manera de que se vaya abriendo es, precisamente, respetar sus tiempos y su forma de ser, sin etiquetas ni comparaciones. Y solo se abrirá si así lo quiere.

9. ¿Qué hago si marco un límite y no lo cumplen?

Recuerda que los límites deben ser consensuados en familia y los hijos tienen que ser conscientes de las cosas que se permiten en su propio hogar y de las que no. Por otro lado, es totalmente normal que, cuando ponemos límites, ellos intenten zafarse —como a cualquiera, les molestan las negativas—, pero lo importante es tener claro que los límites se aprenden mediante el ejemplo y no a la fuerza y que, manteniendo un buen diálogo, sereno y positivo, una escucha correcta y óptimo acompañamiento emocional, todo se consigue. Mucha constancia, práctica y equilibro.

10. ¿Cuándo ser firmes con un límite y cuándo ser flexibles?

En realidad, la palabra «firme» con respecto a los hijos no me parece para nada correcta. Sería, más bien, cuándo ser coherentes y defender ese límite y cuándo tener flexibilidad, porque, si hemos seguido todos los pasos que aprendimos en «Ramas», sabemos perfectamente cuándo hemos puesto un límite necesario y, real y cuándo no. Por tanto, si el límite es necesario y, por seguridad, salud y bienestar, está bien estipulado y ha pasado por las diferentes fases de decisión, hay que mantenerlo y, al mismo tiempo, entender y acompañar las emociones que genere este límite inamovible.

11. ¿Cómo mantener las tecnologías lejos de nuestros hijos y hacerlo, además, de manera respetuosa?

Las tecnologías no son negativas; de hecho, nuestros hijos han nacido en la era tecnológica y sería contraproducente dejarlos al margen de ellas. Lo que es incorrecto es no poner límites; es decir, no pueden estar todo el día con el ordenador o el móvil, porque todos los excesos tienen consecuencias negativas, pero sí tener tiempos adecuados y que puedan sacar el jugo a las nuevas tecnologías. Lo que no podemos hacer es ofrecer las tecnologías cuando nos interese. —Para poder ver una película con la pareja, hacer la cena tranquilamente o mirar las redes sociales— y quitárselas también cuando nos interese. Todo tiene que estar bien ligado y mantener una coherencia, pensando en las necesidades de los hijos y no en las nuestras.

12. Mi hijo come mal. ¿Cómo logro con respeto que coma lo que le ponemos?

A los hijos no hay que obligarlos a comer ni a nada. Cuanto más incómoda hagamos la hora de la comida, con obligaciones, exigencias y amenazas, más van a aborrecer los alimentos, menos se van a animar a probar sabores nuevos y menos van a aprender a valorar la importancia de alimentarse. Hay que tener paciencia y respeto, ofrecerles un amplio abanico de posibilidades de alimentos, siempre saludables, y dejarlos elegir.

13. ¿Qué pasa si en mi casa educamos así, pero en el colegio y en su entorno hacen totalmente lo contrario?

Esto es bastante común. Hay que tener claro que la base de todo se la aportamos nosotros como padres: si educamos según las herramientas expuestas en este libro, nuestros hijos serán personas seguras de sí mismas y comprenderán perfectamente las diferencias según el sitio en el que estén; y también es posible que, por desgracia, vean que a sus amigos o a sus primos sí que los castigan o tratan de manera incorrecta. Así aprenden a tener unas bases y unos valores correctos y a entender y a respetar las diferentes maneras de ser de las personas. Por otro lado, hay que aprender a poner límites a los diferentes adultos que se relacionan con nuestros hijos y, cuando veamos algo que no es correcto y, por tanto, dañino para nuestros hijos, hemos de decirlo y defenderlos, siempre, en todas las situaciones así que nos encontremos.

14. Mi pareja no está de acuerdo en nada de esto y sigue pensando que la mano dura es lo mejor, y eso se me hace muy difícil de llevar.

Es normal: piensa que cada uno está en su propio proceso y tiene su propia historia familiar y su propia forma de pensar. A medida que la pareja va observando cambios en el hogar a raíz de todo el trabajo hecho por el compañero, va motivándose más por el cambio e interesándose en aprender. De todos modos, hay que frenar todo acto incorrecto por parte del progenitor menos abierto al cambio y no permitir que falte al respeto a los hijos. Es preferible mantener después una charla equilibrada con la pareja e intentar hacerle entender las necesidades reales de los hijos que recoger las consecuencias negativas generadas por su conducta en nuestros niños.

15. La familia se entromete mucho y me influye demasiado.

Para que no te influya tanto, debes trabajar tu propia autoestima y tu seguridad. Cuando uno está seguro de la manera en la que quiere educar a sus hijos, ya no hay vuelta atrás: no te dejas llevar por lo que te dicen y pones barreras a los demás, porque sabes lo que quieres para ti y para tus hijos y eso será una realidad inamovible. Además, darás ejemplo de autoestima y coherencia a tus hijos.

16. ¿Es normal cometer errores a menudo y sentirse muy mal por ello?

Cuando conoces las consecuencias que tiene para tus hijos una manera de educar conductista y sin empatía, te topas con la realidad a diario. Lo quieres hacer lo mejor posible, pero los patrones adquiridos, el estrés diario, las emociones adultas, las tareas del hogar, etcétera, a veces hacen que no actúes como quisieras y que te sientas culpable. Es normal y no debes machacarte por eso. Solo deja salir la culpabilidad y utilízala para avanzar y para seguir con tu objetivo. Aprende de cada error.

17. ¿Cómo mantengo la motivación para seguir con esta nueva manera de educar?

Como en todo en la vida, al principio hay que ser constante. Es como aprender a hablar un idioma: primero mides todo lo que dices y cómo, y luego te sale de manera más natural. Si dejas de practicar el idioma, todo se enfría y, cuando vuelves a hablarlo, has perdido mucha naturalidad e incluso puedes llegar a olvidarte. Educar con coherencia, sentido común y respeto es lo mismo: hay que practicar hasta que sale de manera natural y, cuando ya está integrado, mantenerlo, con momentos más difíciles y otros menos, pero teniendo siempre clara la meta.

Sigue siempre adelante: tus hijos y tú os lo merecéis. Confío en que lo harás.

Abrazos.

BIBLIOGRAFÍA RECOMENDADA

Barudy., J., *El dolor invisible en la infancia: una lectura ecosistémica del maltrato infantil*, Barcelona, Paidós Editorial, 1998.

Un trabajo riguroso a partir de la psicología clínica sobre la influencia del maltrato en la infancia y en el futuro de quien lo recibe, así como un estudio sobre la normalización de la violencia en la infancia.

Bowlby, J., *El apego y la pérdida*, Barcelona, Paidós Editorial, 1998.

John Bowlby es psiquiatra y psicoanalista y desarrolló la teoría del apego expuesta en el libro, según la cual la primera relación del bebé con la madre (o la figura principal) es la clave para su futuro.

Corkille Briggs, D., *El niño feliz: su clave psicológica*, Barcelona, Gedisa, 2009.

Una obra sobre el autoconcepto del niño como base de su autoestima y su felicidad y sobre cómo los padres pueden participar activamente en estas dos causas.

MacCarty, W. A., *La conciencia del bebé antes de nacer*, México, Pax México, 2009.

La autora habla de los meses en el útero de la madre y de los primeros años de vida de los niños, y del crecimiento cerebral a través de la conexión amorosa.

Miller, A., *El cuerpo nunca miente*, Barcelona, Tusquets Editores, 2005.

Alice Miller estudia las enfermedades que salen a la luz si no somos quienes queremos ser en realidad.

Punset, E., *El mundo en tus manos: no es magia, es inteligencia social*, Barcelona, Destino, 2014.

Herramientas para relacionarte con los demás sin dañarlos ni dañarte a ti mismo. El libro, además, aporta hábitos para una vida más saludable a nivel emocional.

Robinson, K., *El elemento: descubrir tu pasión lo cambia todo,* Barcelona, Debolsillo, 2011.

Una verdadera obra de arte. Te ayuda a liberar de tu cárcel interior tus verdaderos intereses y tus pasiones, para poder vivir la vida que deseas.

Ruiz, C., *Parir sin miedo*, Tenerife, Ob Stare, 2010.

Experiencias reales de la autora, una comadrona pionera en comprender el proceso del nacimiento, por parte tanto del bebé como de la madre, de manera espectacular. Imprescindible para dejar atrás la imagen inadecuada del parto.

Satir, V., *Vivir para crecer: el maravilloso mundo de tus posibilidades*, México, Pax México, 2006.

Virginia ofrece diferentes herramientas valiosas para poder vivir de manera congruente y sana con nosotros mismos y con los demás.

Taylor, S., *Lazos vitales: de cómo el cuidado y el afecto son esenciales para nuestras vidas*, Madrid, Taurus, 2002.

Una obra esencial para entender el comportamiento humano, que además incluye numerosos estudios e investigaciones científicas.

ENLACES DE INTERÉS

Alekseeva, L. S., *Problems of Child Abuse in the Home* [en línea], <http://www.tandfonline.com/doi/pdf/10.2753/RES1060-9393490501> [consulta 17.03.2017].

Estudio completo sobre las consecuencias del maltrato en el hogar. «El daño emocional que sufre el niño víctima de abusos (actitudes inapropiadas de los padres, entrenarlos para ser niños "perfectos", carencias emocionales, manipulación psicológica, humillación, amenazas, etcétera) en el hogar provoca una tragedia de por vida.»

Allen, D. M., *et al.*, *Depressive characteristics of physically abused children* [en línea], <https://www.ncbi.nlm.nih.gov/m/pubmed/2926018/?i=4&from=/3344803/related> [consulta 17.03.2017].

El estudio evidencia la relación entre abusos físicos en la infancia y depresión, falta de autoestima y desmotivación ante el futuro en la vida adulta.

Experimento Asch [en línea], <https://youtu.be/tAivP2xzrng> [consulta 17.03.2017].

Realizado por Solomon Asch sobre la conformidad del grupo, demuestra que, en muchas ocasiones, la presión del entorno nos impulsa a realizar cosas que en realidad no son las que queremos hacer. Lo mismo pasaría en la educación de los hijos: a veces nos dejaríamos llevar por el instinto y el amor, pero la presión social nos puede. Enlace con subtítulos en castellano.

Unido a esto está el experimento de conformidad social en un ascensor, donde las personas acaban dejándose llevar por lo que hace el resto: <https://you tu.be/S0xCv_S2JJM> [consulta 17.03.2017].

Lee, N., *Ser padres sin castigar. Crecer y aprender con una disciplina democrática* [en línea], <http://www.nopu nish.net/captlo1.htm> [consulta 17.03.2017].

Milgram, S., *Experimento sobre la obediencia a la autoridad* [en línea], <https://youtu.be/8rocRcUOwFw> [consulta 17.03.2017].

En este estudio se valoró la relación de las personas con la obediencia y se comprobó que se pueden llegar a realizar cosas que realmente no queremos, solo por el hecho de seguir a quien nos manda, algo que no sucedería si guiáramos a nuestros hijos con amor, respeto, sentido común, coherencia y empatía.

Nohemi Romo, P., *et al.*, *Rasgos de personalidad en niños con padres violentos* [en línea], <http://pepsic.bvsa lud.org/pdf/ripsi/v11n1/v11n1a07.pdf> [consulta 17.03.2017].

Estudio sobre las consecuencias del uso de los castigos en la vida de los hijos (falta de sociabilidad, violencia y agresividad, bajo rendimiento académico, miedos, retraso en el desarrollo del lenguaje, inseguridades, etcétera).

Punset, E., *El cerebro del bebé* [en línea], <https://youtu. be/88xOvUa5XsA> [consulta 17.03.2017].

Un documental imprescindible para comprender el cerebro de los bebés y cómo el amor y las atenciones con ellos son básicos para erradicar la violencia y las enfermedades mentales.

Santana, R., et al., *El maltrato infantil: un problema mundial* [en línea], <http://www.redalyc.org/html/106/10640109/> [consulta 17.03.2017].

Resultados de diversos estudios sobre el maltrato infantil en todos los ámbitos.

Sirvinskiene, G., et al., *Predictors of emotional and behavioral problems in 1-year-old children: a longitudinal perspective* [en línea], <http://onlinelibrary.wiley.com/wol1/doi/10.1002/imhj.21575/abstract> [consulta 17.03.2017].

En el estudio demuestran que diferentes situaciones —haber nacido por cesárea, una mala relación entre los padres durante el embarazo y la ansiedad materna durante los primeros meses posteriores al nacimiento, entre otros— dan lugar después a problemas de salud mental.

Wang, M., y Kenny, S., *Longitudinal Links Between Fathers' and Mothers' Harsch Verbal Discipline and Adolescents' Conduct Problems and Depressive Symptoms* [en línea], <http://on linelibrary.wiley.com/doi/10.1111/cdev.12143/abstract> [consulta 17.03.2017].

Estudio sobre el uso de la violencia verbal (desde gritos hasta humillaciones verbales) en el hogar. Los autores predijeron un incremento de los problemas de conducta y los síntomas de depresión en la adolescencia (13-14 años).